U0733845

多视角下的统编小学语文教学案例与案例教学指导

谢淑海 著

中国纺织出版社有限公司

内 容 提 要

本书是基于多种教学设计理论，通过深入调研，按照专业学位案例标准，撰写的教师实施统编小学语文教材经典案例。书中主要通过案例展示多种教学设计理论的实际运用，共收录了 11 篇小学语文教学案例，主要源于一线小学教师授课的案例素材，案例涉及《和大人一起读》栏目的课程化实施等教学内容，这些案例兼具实践参考性和理论分析性，为小学教育专业学位研究生教育提供了资料丰富、叙述详尽、视角多元的教学设计案例。全书结构合理、内容翔实，既可为小学教育专业教师提供授课应用的讨论范本，也可为研究者拓展广泛的教学理论和学术探索空间。

图书在版编目(CIP)数据

多视角下的统编小学语文教学案例与案例教学指导 / 谢淑海著. — 北京：中国纺织出版社有限公司，2022.9
ISBN 978-7-5180-9880-4

Ⅰ.①多… Ⅱ.①谢… Ⅲ.①小学语文课—教学研究 Ⅳ.①G623.202

中国版本图书馆 CIP 数据核字(2022)第175586号

责任编辑：张　宏　　责任校对：高　涵　　责任印制：储志伟

中国纺织出版社有限公司出版发行
地址：北京市朝阳区百子湾东里 A407 号楼　邮政编码：100124
销售电话：010—67004422　传真：010—87155801
http://www.c-textilep.com
中国纺织出版社天猫旗舰店
官方微博 http://weibo.com/2119887771
北京虎彩文化传播有限公司印刷　各地新华书店经销
2022 年 9 月第 1 版第 1 次印刷
开本：710×1000　1/16　印张：13.375
字数：207 千字　定价：88.00 元

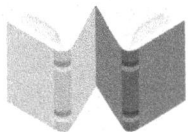

前言

　　案例作为案例教学的资源，是将实践问题理论化、系统化的重要载体，也是将高水平研究、教学与实践有机融合的重要途径。虽然为了提高人才培养质量，教育专业学位实施了"三双"制，即双导师制——学术导师和实践导师相结合、双教学——理论教学和案例教学相结合、双课堂——大学课堂和中小学课堂相结合，而制约"三双"制发挥最佳效果的"瓶颈"是没有足够好的案例。因此，开发高质量的案例成为当前要务。然而，大家对案例开发存在三种误解：第一种误解认为，案例开发是一种前科学方法，不需要以数据或其他一手材料为基础，也无须遵循系统的方法。事实并非如此，案例开发中会以定性材料和定量材料为基础，遵照社会科学分析的一般逻辑，即观察现象、描述特征、建立类型、展示过程、分析影响等。第二种误解认为，开发的案例缺乏代表性和典型性。实际上，高标准高水平的案例尤其注重案例选择的公共性、可预期性、整体性和历史性。第三种误解认为，案例开发是讲故事、听故事的过程，很难得到清晰的结果。本质上，案例开发或制作本身是一个严密的科学研究过程，注重案例的各种因素及其背后的因果关系梳理清楚。

　　本书为新疆教育厅研究生教育教学改革项目：教育硕士教育案例库建设（项目编号：XJ2019GY67）；伊犁师范大学博士科研启动基金项目：新疆中小学校长教学领导的理论与实践研究的研究成果。

　　为此，结合教育专业学位的《小学语文教学专题研究》课程的教学，我们走入中小学进行广泛的调研，捕捉中小学学校在实施统编版小学语文教材教学实践中的一些敏感问题，总结具有典型意义的案例，以满足在推进教学改革、强化学生分析、创新和实践能力培养上的要求。

著　者

2022 年 6 月

目 录

第一章
一名小学教育专业硕士的教学探索与案例教学指导

第一节 背景信息

瓦西纳(Valsiner)在维果斯基的最近发展区基础上提出了区间理论,认为发展涉及最近发展区(ZPD)、自由活动区(ZFM)和活动提高区(ZPA)。古斯(Goos)据此建构了实习教师最近发展区(ZPD)、自由活动区(ZFM)和活动提高区(ZPA)之间的关系理论,如图1-1所示。其中,对于实习教师而言,ZFM的元素包括:学生的理解能力和行为可能约束实习教师的教学活动;课程和评价的需求会影响教学主题、教学方法的选择以及适当的教学时数;教材的来源。ZPA则表示一位师资培育者或经验丰富的现场实习指导教师为了促进特殊教学技巧或方法所做的努力。瓦西纳认为,职前教师的发展是在两种ZPA之下:一个是他们大学的课程;另一个是他们的实习辅导老师,并且大学课程所教授的理论与实习辅导教师在现场所进行的教学往往不一样。

正如古斯所言,对新手教师而言,ZPA是在他们的ZFM里且与ZPD并存。也就是说,协助新手教师成为正式教师的发展行动,必须在他们的能力范围内。

M同学的自我探索和导师对其辅导的过程,是在M同学的努力下,尽量把"理想中的最大重复区"扩大,从而促进其发展。M同学的探索,为辅导实习教师或新手教师发展提供了一个经典的例子。

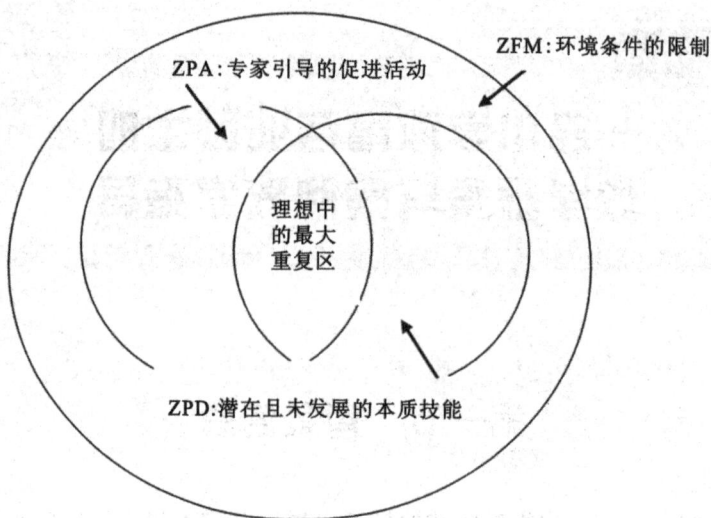

图 1-1　实习教师 ZFM、ZPA 和 ZPD 之间的关系图

第二节　案例正文

一、M 同学的实习背景

《全日制教育硕士专业学位研究生指导性培养方案》（以下简称"《方案》"）指出："全日制教育硕士专业学位研究生教育旨在培养掌握现代教育理论、具有较强的教育教学实践和研究能力的高素质的中小学教师。在培养方式上，重视理论与实践相结合，要求在中小学聘任有经验的高级教师担任第二指导教师，实行双导师制；注重实践教学，要求在中小学建立稳定的教育实践基地，且教育实践、实习原则上不少于 1 个学年。"与学术型学位培养偏重理论和学术研究不同，全日制专业学位培养以专业实践为导向，重视实践与应用，体现了专业学位教育的根本属性——实践性和职业性❶，因此，随着专业学位教育的不断推进，采取学术理论学习与具体实践相结合的教学形式，加强教育实践已然成为大家的共识。然而，我国全日制教育专业硕士学位秉承"理论＋实践"的培养模式，

---

❶　唐丽芳.小学教育全日制专业学位发展：成就、问题与对策[J].东北师大学报（哲学社会科学版），2018(4)：207-211.

既导致专业学位研究生学术能力培养的错位❶,也导致学生实践能力培养薄弱、理论与实践相脱节❷等突出问题。于是,实践领域和理论领域都不约而同地采取了延长实践时间、强化实践环节、加强大学与中小学合作等"加法式"措施和思维,希冀通过教育实习时间的延长来扭转实践在理论与实践关系中的弱势地位。这种做法带有"教育实习时间长短与师范生实践能力强弱构成因果关系且呈正相关"的简单线性思维,误以为教育实习时间长短是师范生实践能力强弱的充分必要条件,忽视实践能力生成的中间环节——人的内在因素。❸ 因此,大家又把实践能力生成的希望寄托在实践导师身上,尽管实习指导教师常常将自己的教学方法与信念传递给实习教师,❹但是,中小学校许多实习指导教师的教学信念、教学方法与新时代教育改革的要求并不一致,他们并不了解以学生为主体、以学生发展核心素养和学科素养为取向的教育改革精神。如此,全日制教育硕士在中小学接受了一学期的教学历练,采用的仍然是他们以前求学时就经历过无数次的教学方式,那么,这些实习教师将来正式担任教师后,是否能有效落实新时代教育改革的精神和理念,需要我们关注,因为学会教学——正如教学本身一样——是一个教学过程。在此期间,一个人做了什么,他就能够学到什么。❺ 不能在实践中运用所掌握的现代教育理论,则全日制教育硕士的教育教学实践能力培养和高素质中小学教师队伍的培养就很难真正实现。

M 同学是由 X 老师指导的小学教育专业的研究生,正在小学实习,与本科时期实习支教过的农村学校相比,M 同学备感幸福,一方面是因为城市学校条件优越,另一方面是因为有自己的实践导师指导。不过,实习一段时间后,M 同学陷入了一种复杂的情绪中,这种复杂情绪被 C 老师察觉,并引起了 X 老师和 C 老师的高度关注。

❶ 马健生,陈玥.专业学位教育中学术能力培养的错位问题检视[J].教师教育研究,2015(7):40-48.

❷ 唐丽芳.小学教育全日制专业学位发展:成就、问题与对策[J].东北师大学报(哲学社会科学版),2018(4):207-211.

❸ 程耀忠,饶从满.理念—实践—反思—评价:美国教师教育理论与实践黏合的闭环[J].外国教育研究,2021(5):3-14.

❹ Tomlinson,P. Understanding mentoring:Refective strategies for school — based teacher yhpreparation[M].Buckingham:Open University,1995:27.

❺ [美]麦金太尔,奥黑尔.教师角色[M].丁怡,马玲,译.北京:中国轻工业出版社,2002:1.

二、自我觉醒

全日制教育硕士研究生的生源特点、培养目标都决定了必须把实践理念贯穿培养过程的始终,唯有以真实鲜活的教育实习为主要载体,才有可能把本身大多缺乏实践经验的全日制教育硕士研究生在有限时间内培养成高层次应用型专门人才,才能保障全日制教育硕士研究生的培养质量和特色。❶ 所以,M同学顺利地来到了小学实习。在Y师范大学学习期间,M同学只是从Y师范大学的小学教育专业硕士培养方案中知道还要实习,对实习中要干什么却没有更多的期待。而来到实习学校后,她有了自己的思考和期盼。一方面,实习学校的老师知道她是一名教育专业的研究生,都投来了赞许、羡慕的目光;另一方面,X老师和C老师对她提出了新的要求。

尽管M同学依旧承担小学六年级语文教学任务,但她发现本次的教育实习和本科阶段的实习支教有所不同。她说到:对本科实习支教期待值非常高,压力不大,目的性也不强,跟随学校的安排,它把我放哪就去哪,对于学校也没有任何要求,就是为了完成这一环节的任务,因为当时对于毕业论文的要求也不高。主要就是为了体验未来的工作,提前适应环境,思考自己是否喜欢这份职业,思考今后的工作规划,而这次实习,更多的是关注老师们为什么要这么做,这么做的目的和意义是什么,以更宏观的角度思考问题,也会对自己所产生的疑问主动发问,看问题更具有针对性,也会将所学的教育理论与实践相结合去思考问题。本科实习在意的是某一个点,而研究生实习更多关注的是试图将几个点串成一条线。

本科实习支教的经历也为她快速地应对本次实习中学生和教学等方面的问题提供了经验。有了本科的实习经验,第二次实习的时候就会得心应手一些,会了解到很多隐形的不成文的小技巧。

实践导师由于受到学理性基础的局限,即使对相关问题有着丰富的工作经验、专业常识和实践层面的理解,也难以将其抽象为理论知识,从而恰当又准确

---

❶ 施莉.教育实习中培养全日制教育硕士专业学位研究生教学实践能力探析[J].学位与研究生教育,2016(8):25-28.

地传递给学生。● 但在导师和实践导师指导下，M 同学开始基于专业的教育教学理论思考现实的问题。她说到：

在听课时，会发现教师的许多理念背离了当前的教育理念。在本科时，我基本上不知道，也不用去思考，而这次实习不一样了，我会思考他们为什么会持有这种理念，还会利用一切机会去听听他们的想法。是因为客观原因还是主观原因导致他们产生与当前教育理念相悖的想法？是不是书上的某些理论真的不适用当前教育教学实际情况呢？再进一步深入观察在这种理念下学生是如何表现的。如果学生反应积极，没有任何不妥之处，那就说明要具体问题具体分析，要根据实际情况灵活运用相关理论。如果教师的想法过于偏激和离谱，做法与书上所言大相径庭，那我可能会寻找机会，比如在教研教学活动、备课交流、课间、吃饭等时间，只要有交流的机会，我会找准契机直接指出来，并辅以相关的正反例，尽力去说服他。

M 同学说："每个学校有每个学校的环境和文化，初来乍到并且是来实习，我还得尽量维持一个和实践导师类似的风格与做法，这样就不会显得格格不入。我需要暂时把自己的理想、抱负悬置起来。"

初来乍到，并且我只是一个实习生，认识到理想与现实、理论与实践的差异，能够利用机会探究一二已经很不错了，还是得先学习，毕竟很多老师经验都很丰富，有很多值得我学习的地方。

如果未来的教师能够在接受教师教育之前和在教师教育过程中参与实际教学工作，就能更好地理解理论，并将其应用于日后的教学之中。● 经过一段时间的教学，M 同学开始思考自我的价值，也开始思考自己能为学生的学习做些什么。她说到：

确实，实践导师的教学就完成教学任务而言是有效的，但似乎与当前的教育改革尤其是素养导向下的教学改革、大观念教学等有很大出入，老师还是只注重知识传授。如果还是这样教学，我觉得我的研究生就白读了。更为重要的是，我的毕业论文也是关于素养导向下的小学教学的调查的，来到现场，发现并没有我想要的材料，与我的预期有很大出入。

● 马健生,陈玥.专业学位教育中学术能力培养的错位问题检视[J].教师教育研究,2015(7):40-48.

● 赵中建.美国 80 年代以来教师教育发展政策述评[J].全球教育展望,2001(9):74-78.

M同学的自我觉醒触发了其成长,因为掌握知识和技能不一定能引起教学行为的改变,必须依靠理论在教学中对教学进行反思,才能改进教学行为。❶

M同学认为,新时代教育对于下一代核心素养的培养,着重强调德智体美劳全面发展,学习不应该局限于学科知识及技能,而应关注与生活的结合,通过实践力行而成就学习者的全面发展。核心素养是在九年一贯制课程的能力发展基础上,深化与整合"知识与技能、过程与方法、情感态度价值观",从而使个人可以从容地适应日常生活与应对未来挑战,进行终身学习。然而,现实并不如愿。她说到:对于许多一线教师而言,核心素养是一个相当陌生的名词,更不要说在课堂上进行素养导向的教学。

三、自我探寻

M同学在研究生一年级所开设的《课程与教学论》课程中学习了核心素养导向下的教学的相关内容,对素养导向下的课堂教学有所了解,但对怎样将其用于课堂教学实践却思考不多。她说到:

研究生一年级,还没有完全实现从本科生到研究生的角色转换,学习《教育学原理》《课程与教学论》等公共课时也仅限于知其然的状态,而不知其所以然,更没有思考如何将其用于现实的小学课堂教学。而此时,我感觉到理论与现实之间有鸿沟,所以反反复复地阅读了大量文献。功夫不负有心人,在阅读和思考中,我开始提出越来越多的问题。例如,应该从哪个角度切入?采用什么样的教学策略?如何提问?如何理解语文大概念?怎样才能提升学生的语文素养?

经过学习,虽然有了很大收获,对素养导向的教学有了深入认识,但如何在实践中贯彻落实还没有想清楚。于是,M同学向X老师求助。X老师虽有小学管理经验,但没有小学语文教学经验尤其是素养导向下的小学语文课堂教学经验,因此也只是在理论上明白,而行动上却有所欠缺。X老师说到:

我虽是一名小学教育专业的硕士生导师,但没有小学语文教学的实战经验,而专硕不同于学硕,他们将是掌握现代教育理论、具有较强的教育教学实践

---

❶ 邵光华.全日制教育硕士专业学位研究生实践教学模式研究[J].教师教育研究,2012(2):87-91,47.

和研究能力的高素质的中小学教师。现实并不乐观。一方面,我们师范大学的导师具有较强的理论指导能力,却缺乏实践经验,培养过程中存有学术化培养倾向;另一方面,聘请的中小学实践导师实践经验丰富,但理论知识较为薄弱,而且实践经验不一定与当前教育理念相吻合。所以,要真正让我们培养的这些研究生也就是未来的中小学教师能够引领中小学的教学改革,必须体现其专业性、职业性,既重学术能力又重实践能力。

X老师在理论上进行准备,集中精力对素养导向的小学语文进行攻关。在X老师的指导下,M同学与X老师反复进行研讨,梳理了现有文献中关于大概念教学——确定大概念-外显大概念-活化大概念-建构大概念-评价大概念、学科核心素养的四大培育路径以及"载体-途径-关键"模式,最终确立了素养导向下的小学语文教学的六个要点:创设情境,满足需求;任务驱动,深度探究;解决问题,互相交流;实践活动,体验过程;梳理总结,迁移运用;注重过程,以评促学。

四、自我实践

在确立这些原则后,M同学就开始了尝试,此时,恰逢《我变成了一棵树》单元的教学,M同学首先对这个习作单元进行了教材分析和目标分析。从单元语文要素入手,认为本单元是在阅读中想象、在想象中表达。于是,结合习作单元编写特点,将教学目标确定为:

学生朗读课文,抓住重点词句,理解课文内容。能够将生活和想象相结合,组织语言,进行想象力训练。

围绕教学目标,M同学运用前面介绍的六个要点开展了设计和教学。

教师借助图片,为孩子们创设出想象的情境,让孩子们发挥想象——自己会变成什么,自然而然地走进文本。

(一)创设情境,满足需求

(1)同学们,观看科幻图片时,你可有过奇思妙想,希望自己变成别的什么?学生大胆进行交流想象。

(2)文中的小朋友,希望自己变成一棵树,这样,玩的时候就没人打扰了。他真的变成树之后,发生了许多奇妙的事情,让我们一起去看看吧!

(3)大声朗读课文,说说我变成了一棵树后,发生了哪些有意思的事情。

(二)任务驱动,深度探究,重点感悟

教师通过提问学生"我最感兴趣的地方是什么"这个问题,明确学习任务,让学生通过小组交流合作的方式深入探究,感受课文的奇妙想象,并互相交流感受。

(1)过渡:我变成了一棵树,这个想象多么有趣!

选一处你最感兴趣的奇妙想象,在四人小组里进行交流。

(请利用这样的句式:我觉得……最有意思,因为……)

(2)学生四人一小组互相交流,教师巡视指导。

(三)解决问题,互相交流

教师请学生分享交流,解决刚才提出的问题。

1. 学生分享"冒树枝"

生1:我认为"冒树枝"最有趣。"我心里想着,就觉得身上痒痒的,低头一看,发现许多小树枝正从我身上冒出来。呀,我真的变成了一棵树!"

师:这是介绍"我"变成树的过程,你认为哪些词句有趣?

生1:我认为"痒痒的"一词太有想象力了,一个人变成树的过程竟然是从身上冒出树枝,还"痒痒的"。

生2补充:我认为"冒出来"非常好玩,从人的身上冒出树枝,该是多么神奇的事情!

师:从身上长出树枝的"我"和大家一样感到好玩、感到惊奇,你的回答真精彩,你真是一个会思考的孩子!请大家一起读,读出这种感情。

学生读,评价读,指名读,齐读。

2. 学生分享"长鸟窝"

生3:我认为"长鸟窝"最有意思。"我变成了一棵长满各种形状鸟窝的树:三角形、正方形、长方形、圆形、椭圆形、菱形……"

师:省略号中省略了哪些形状的鸟窝?

生4:梯形、星形、心形、五角星形等。

师:你真是一个想象力丰富的孩子!

3. 分享"住动物"

"我会请小兔、小刺猬、小松鼠、小鸭子、小鳄鱼、小狐狸住在里面。"

(板书:住满亲朋:小兔子、小松鼠、妈妈……)

你认为这句话想象奇特的地方在哪里?

(这些在陆地上生活的小动物居然爬到树上居住,而不是一些鸟儿。)

最神奇的是,妈妈居然也来到了树上,还住在三角形的鸟窝里!妈妈还带来了好吃的,和大家一起分享。而"我"——这棵大树,又有何反应?

为什么"我"的肚子会发出"咕噜噜……"的声音?这说明了什么?(因为正是该吃饭的时候,我很饿。)

但是没有人理会"我",没人会想到变成大树的我,还要和他们一样吃东西,以至于——

(我的口水流下来了。)从哪里能看出来?

"唉,变成树真麻烦,他们连水珠是从我的嘴巴里流出来的都不知道。"

4. 分享"下雨了"

(1)小组分角色表演。

(2)上讲台表演,加上动作和神态。

5. 分享"妈妈住进鸟窝"

我的心情怎么样?高兴什么?失望什么?还有哪种心情?

(四)实践活动,体验过程

教师通过声情并茂的朗读。让学生感同身受,闭眼体验想象的过程,点亮了孩子们想象的一盏灯,让孩子们充分去想象:

请同学们听音乐,老师来朗读。学生闭上眼睛,边听边想象画面。

师:在刚才的朗读中,你的脑海中出现了怎样的画面?

生1:我的脑海中出现了一棵神奇的树,想要什么就有什么。

生2:我想到了树上有一个五角星形的鸟窝,里面有一对可爱的小鸟。

生3:……

(五)梳理总结,迁移运用

通过分析课文中的奇妙想象,让学生进行梳理总结,体会文章丰富的想象力,并迁移运用,让学生打开想象的大门,想象自己会变成什么。

1. 我也来变

教师出示课文中的句子:你猜,我变的树上会长出什么?当然不是苹果啦,

梨也不对——对了,鸟窝！我变成了_____

_____。

请同学们照样子仿写:_____。

2. 学生交流仿写内容

生1:你猜,我变的树上会长出什么？当然不是苹果啦,梨也不对——对了,零食！我变成了一棵长满零食的树,树上有各种各样的零食,巧克力啦,糖果啊,方便面呀,应有尽有,我会和我的小伙伴们一起分享美味的零食。

生2:你猜,我变的树上会长出什么？当然不是苹果啦,梨也不对——对了,面包！我变成了一棵长满面包的树,树上有各种口味的面包,有草莓味的,有巧克力味的,有抹茶味的,有杧果味的,我邀请了好多小动物一起品尝。

生3:你猜,我变的树上会长出什么？当然不是苹果啦,梨也不对——对了,我变成了一块石头。白天,我静静地躺在小溪里,让人从我的身上踏过去。夜晚,我和萤火虫一起聊天,欣赏夜晚美丽的星空,我就这么静静地,什么也不做。

生4:……

(六)注重过程,以评促学

通过学生互评和教师点评,引导学生进行合理、有趣的想象,并且正确评价之前孩子们的回答,从而更加激发学生表达的欲望。

我来评:指名让学生来评价刚才同学们的想象。你认为谁说得最有意思？为什么？教师进行适当点评。

生:我认为生1说得最有意思,可以看出来,他很喜欢吃零食,想象力很丰富,而且很大方,愿意和小伙伴分享。

师:你的点评不错,你听得很认真,而且很善于总结。

生:我认为生3说得最有意思,她的想法很独特,想变成一块石头,默默地为大家奉献,很善良。

师:你是个很会听的孩子,你的点评很到位,你都可以当小老师了！

五、自我反思

理论与实践相距真的很远吗？理论与实践的鸿沟真的不可逾越吗？这是这次实践后M同学一直在追问自己的问题。M同学说到:

以前在本科时实习,与其说是实习,不如说是去学习,学习老师们怎么上课,怎么组织课堂,怎么管住孩子,怎么树立自己的威信等。也就是说,完全没有了自己的思想、观点和立场,总想着去适应,不敢越雷池一步。经过研究生阶段的学习,我觉得最大的收获就是敢想了,思维方式改变了,不再是顺应,而是想着能不能解决问题,把自己的想法实践下去,能不能去改变点什么。也就是说,更想着去实践,而不仅仅是学习经验。或许有些老师的经验不对,甚至有些老师的经验还会误导我们。

研究生阶段的学习彻底改变了 M 同学的思维方式,培养了 M 同学的实践能力和研究能力,为其实习和教学研究奠定了坚实的基础。

六、结语

通过 M 同学在 X 老师指导下的探索可以发现,M 同学将问题转变为探索和研究的任务,经过引导和理论学习实现了对限制环境的突破,找到了自我探索之路,呈现出如图 1-2 所示的辅导模式。

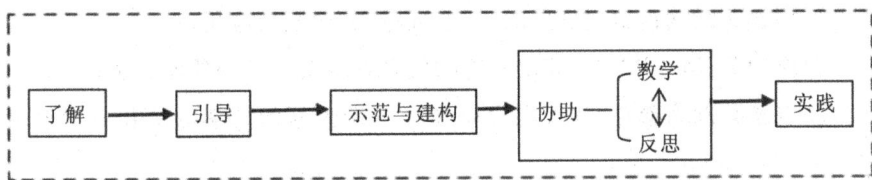

图 1-2 辅导模式图

在这条探索之路上,M 同学的教学素质得到了有效的提升,也促发了理论导师去思考专业硕士的培养问题。

为此,本案例提出辅导实习教师冲破束缚,主动开展素养导向的教学尝试,提炼出了辅导模式:一方面能帮助实习教师获得专业发展和研究教育实践问题,协助其将理论用于实践,这有别于传统的单纯向实践学习模式;另一方面,辅导实习教师进行问题解决和问题研究建立的辅导模式,可以为其他实习辅导教师进行教学实习辅导提供参考。

第三节 教学指导书

一、教学目标

通过对《一名小学教育专业硕士的思与行》这一案例的讲解和分析,学生能了解一名小学教育专业硕士的培养背景;认识到小学教育专业硕士在实习现场的反思、自省与自觉过程;理解 ZFM、ZPA 和 ZPD 三者的关系;坚定自己在导师指导下解决实习过程中各种问题的信心。

(一)适用课程

本案例主要适用于《课程与教学论》之教学能力训练;同时适合《教育学》课程的教育理论与教育实践的关系的讲解。

(二)教学对象

本案例主要为小学教育专业硕士教学开发,也适用于全体教育硕士和小学教育专业本科生。

(三)具体教学目标

(1)理解瓦西纳提出的发展的"三区理论"的内涵及应用。

(2)应用 ZFM、ZPA 和 ZPD 三者的关系解释实习教师的发展过程。

(3)以本案例为参考,掌握在导师指导下探索新的教学方法和自我发展的路径。

(4)理解大学的导师指导小学教育专业硕士探索教学改革的路径。

二、启发思考题

(1)阅读本案例,你如何看待大学所授的理论与实习辅导教师在教学现场所进行的实践不一致的现象?

(2)案例中,M 同学经历了理论的学习到现实的困惑再到自我觉醒和自我探索实践的过程,这说明了什么?

(3)你如何看待 X 教师对 M 同学的辅导过程?

(4)你如何评价 X 教师的辅导模式?

(5)你认为在当前教育硕士的培养中怎样培养教育硕士的实践性知识?

三、分析思路

本案例分析的核心是小学教育专业硕士 M 同学的自我探索历程。在当前教育硕士培养的大背景下,M 同学经历了理论的学习到现实的困惑再到自我觉醒和自我探索实践的过程,勇于尝试素养导向下的小学语文教学。主要围绕"现实困惑""自我觉醒"和"在导师指导下大胆尝试"的思路展开。

四、案例分析

理论和现实存在一定的差异。大学所教授的理论与教学实践或实际也存在差异。教育硕士能否在实践中起到引领作用,关键要看教育硕士是否具备研究问题和解决问题的能力。这就需要在大学培养阶段注重教学方式的改革,强化理论培养的同时,加强实践性知识的培育。

(一)案例回顾

M 同学在实习一段时间后陷入了一种复杂情绪中,这种复杂情绪被 C 老师察觉,并引起了 X 老师和 C 老师的高度关注。经过 M 同学的自我觉醒和探寻,在指导教师的指导下,总结了素养导向下的小学语文教学的六个要点:创设情境,满足需求;任务驱动,深度探究;解决问题,互相交流;实践活动,体验过程;梳理总结,迁移运用;注重过程,以评促学。并在自己的课堂上开展实践,收获了成功的喜悦。

(二)理论基础:"ZFM、ZPA 和 ZPD 三区理论"

"ZFM、ZPA 和 ZPD 三区理论"是古斯在瓦西纳区间理论基础上提出的实习教师身份发展理论。ZFM 一般包括学生及其理解能力和行为可能约束实习教师的教学活动、课程和评价的需求会影响教学内容、教学方法、教学时数的选择等。ZPA 则表示实习指导教师或同侪教师或导师为了促进特殊教学技巧或方法所做的努力。ZPD 表示实习生潜在且未发展的本质技能。

(三)"三区理论"分析

《新时代基础教育强师计划》强调,要"扩大教育硕士、教育博士招生计划。适应基础教育改革发展,遵循教师成长规律,改革师范院校课程教学内容,改进教学方法手段,强化教育实践环节,提高师范生培养质量。培养一批硕士层次中小学教师和教育领军人才"。注重引导教育硕士在实践中突破环境条件限制,充分利用大学中学到的理论知识,拓展"理想中的最大重复区"。这就需要弄清楚 ZFM 有哪些,导师怎样引领,如何激发实习教师的发展潜能。本案例分析也将明确"ZFM、ZPA 和 ZPD"之间的关系。

1. ZFM：环境条件的限制

环境条件的限制，主要表现在：一是实践导师也是导师，必须尊重导师的教学，但实践导师更多地偏重知识的教学；二是学校教师都这样教，学生也似乎都习惯了教师的教法，并没有觉得有什么不对；三是按教材来教，尽管用的都是统编教材，但没有领悟到统编教材的理念。

2. ZPA：导师引导的促进行动

大学导师给予了充分的支持：一方面给予理论指导，另一方面强化与实践导师的沟通，建构了辅导模型，为 M 同学的发展提供了有力的支持。

3. ZPD：潜在且未发展的本质技能

M 同学的自我反思能力和学习能力是其冲破限制条件的有力武器。

(四)M 同学教学探索的分析

1. 主体自觉

教师们尽管经历了挣扎，但最终还是冲破了束缚，主动反思、学习，开始建构素养导向下的教学要点，并主动尝试，最终收获成功。

2. 教育理论与教育实践

在现有学校内部组织体系、教研体系、课程体系、学科教师发展体系等未能发生相应改变的情况下，校本教研是教师发展的重要途径。基于教师的反思和自我探索，学校教研主任敏锐地发现问题、分析问题，组织校本教研，开展教材研究，进行大胆探索和实践，最后取得了丰硕的成果。

3. 理论主动联系实践为旨归

M 同学通过学习，主动改革实践，最终收获了成功。一方面打破了以前固有的观念——理论与实践的鸿沟不可跨越；另一方面也增强了理论自觉。

4. 积极引导

经过导师和 M 同学之间的合作，建构了一个辅导模式，帮助 M 同学解决了自身的困惑，也为其他导师提供了借鉴。

五、课堂设计

(一)时间安排

大学标准课 4 节共 180 分钟：布置和预习 1 节，上课讨论 1 节，课堂实践 1

14

节,反思总结1节。

(二)环节安排

提前一周利用1节课的时间预习《我要变成一棵树》这篇课文和阅读素养导向下与教学相关的理论文章,并结合问题解决学习进行教学设计→小组讨论设计方案→研读案例→课堂分享与报告→教师点评和学生互评→设计本单元中其他内容→学生实践→教师和学生评价。

(三)人数要求

40人以下的班级教学。

(四)教学方法

以讨论为主,以练习法、讲授为辅。

(五)组织引导

(1)教师布置任务清晰,预习要求明确。

(2)给学生提供必要的参考资料。

(3)对学生进行教学设计、课堂教学、观点分享等必要的技能训练。

(4)对学生课下的讨论予以必要的指导并给出建议。

(六)活动设计

1.提前两周布置阅读任务

阅读《义务教育语文课程标准(2022年版)》和教材中《和大人一起读》版块的内容,同时查阅统编版小学语文教学教材编写理念、《和大人一起读》栏目的价值和实践策略等相关文献。

2.组内讨论与交流

为每个小组提供一张小组讨论记录表,记录小组成员的发言情况和问题清单。

3.小组汇报与分享

汇报中,每位同学做好记录,进行录像,以便提问、互动与反思。

4. 点评与指导

教师对小组的教学设计进行点评,适时地提升理论,把握教学的整体进程。

5. 总结与反思

课后各小组根据汇报的情况,及时总结和反思,进一步改进与完善案例教学。

六、要点汇总

"ZFM、ZPA 和 ZPD 三区理论"既客观反映了实习教师面临的环境限制,也指明了实习教师的跨越路径。

因此,在本案例的教学探索过程中,主要教学知识点如下所示。

(一)ZFM:环境条件的限制

环境条件的限制,主要表现在:一是实践导师也是导师,必须尊重导师的教学,但实践导师更多地偏重知识的教学;二是学校教师都这样教,学生也似乎都习惯了教师的教法,并没有觉得有什么不对;三是按教材教学,尽管用的都是统编教材,但没有领悟到统编教材的理念。

(二)ZPA:导师引导的促进行动

大学导师给予了充分的支持:一方面给予理论指导;另一方面强化与实践导师的沟通,建构了辅导模型,为 M 同学的发展提供了有力的支持。

(三)ZPD:潜在且未发展的本质技能

M 同学的自我反思能力和学习能力是其冲破限制条件的有力武器。

第二章

《和大人一起读》的课程化实施与案例教学指导

第一节　背景信息

"课程化"除了强调目标、内容、实施与评价的一致性之外,还强调以学生学习为中心,以"大人"和学生为阅读主体,注重阅读、学习、体验、形成习惯的统一。重在明确"为什么教""教什么""教到什么程度""怎么教""谁来教"和"教得怎么样"等问题。

课程化虽伴随着课程的诞生而发展,但是在我们对统编版小学语文课文《和大人一起读》教学的调研中发现,教师们经历了各种尝试和探索。有的教师从"不放心"到"放心";有的教师从"不用心"到"用心";有的教师经历了"挫折"后的自我反省;有的教师经历了指导部分大人并带动全体"大人"的喜悦……

借助于"课程化",Y小学语文教师由原来的"放任自流、任由发展"的"寻梦人"转变为"特色鲜明、成效显著"的弄潮儿。这种依照统编教材编写理念和遵循教育规律的有益探索为有效实施统编教材提供了有价值的案例。

第二节　案例正文

一、第一次亲密接触:事不关己

2016年9月,统编版小学语文教材如约而至,这一年新入学的孩子与之前的小学生不一样,他们将使用新的统编版小学语文教材。Y小学同往年一样,照常开学,照例迎接新一届的学生进校,教师照常上课,只是课堂上的学生变了、语文教材也变了。正如Y小学校长所说:

老师们还是比较适应的,因为在暑假期间,老师接受了统编教材的培训,大致了解了统编教材编写的价值、理念以及内容体系。再经过一个假期的准备,并且他们刚带完一届学生,积累了丰富的教育教学经验,所以,我相信老师们会将教材的理念落实在课堂教学中。

但是,现实并不像校长所预料的那样顺利。Y 小学的秦老师说:虽然有准备、有培训、有思考,但面对孩子时,发现一些现实问题就得去应对。先是面对参差不齐的识字量导致的识字课难教,再是幼小衔接的困难,还有拼音教学时间紧,等等,问题接踵而至。

当被问及《和大人一起读》的教学时,老师们都露出疑惑的眼神,还反问道:"这需要教吗?不应该回去和大人一起读吗?"

在随后的交流座谈中,我们发现老师们并未真正理解《和大人一起读》这个版块设置的意义和价值,也没有弄清楚"大人"所指,但他们坚定一个信念:和大人一起读是和家长一起读,而不是教师教,跟教师没什么关系。

这就是 Y 小学语文教师对《和大人一起读》的认知。

二、走出舒适区:现实倒逼

《和大人一起读》是统编版小学语文教科书中"语文园地"的一个新版块,具有改变当前社会阅读现状的社会价值,也具有帮助学生承前启后、埋下快乐阅读的种子和辅助拼音教学的教学价值。[1] 然而,现实教学中,教师的不放心——家长教不好孩子阅读、不担心——家长定能教会学生阅读、不上心——只是一个版块没必要教、不用心——草草了事,导致《和大人一起读》这个版块并未实现预期的价值。秦老师说:

上了几个单元的课之后发现,孩子回家并没有和大人一起读,有些自觉的孩子会从字面意思上理解后找到家长一起读,有些孩子根本都不管,刚开始我还挺放心的,毕竟家长们的文化水平都提高了,不像我们的家长,根本教不了、不会教,也没时间教。现在家里就一个孩子,每天都能看到家长陪着孩子写作业。孩子和家长一起读是否就是理所当然的事了?但是,一次早读课时我无意间发现孩子们都读得不通顺、不流畅,有些孩子甚至要再次拼读。那时我就意

---

❶ 张漫漫.《和大人一起读》栏目解读及教学建议[J].小学语文,2020(9):18-22.

识到问题了。我觉得我应该做点什么。尽管在培训时,我也仔细听了专家的解读,阐明了这个版块的意义:能促进亲子交流,能激发学生阅读兴趣,能帮助学生从口语过渡到书面语,体现无压力阅读等。然而,自己并没有找到合适的方法把这些意义落到实处。

正是有了教师们的自省、自觉,他们开始探索,是不是应该突破以前的观念,真正走进统编版语文教材,思考如何将编者的意图落到实处,走出自己的舒适区。

在 Y 小学的一次年级学科组教研活动中,秦老师阐释了自己的想法:

我觉得我经历了一个教与不教的思想斗争,也经历了教什么、教谁、怎么教的探索。我觉得我们还是应该对家长进行引导,充分调动家长们的积极性。我也问过很多家长,他们都不知道这个版块,也不理解这个版块的要求和目的,更不知道怎样带领孩子一起阅读。他们还停留在幼儿园时期的讲故事解读,只是给孩子讲讲自己的理解。我想,这背离了咱们听到的专家意见。咱们是不是应该讨论讨论,明确一下教与不教,以及教什么、怎么教和教谁的问题。

秦老师的这段话引起了全年级语文教师的共鸣,大家纷纷表示赞同。虽然大家很明白,这是每一个语文教师的职责,但要走出舒适区、克服多一事不如少一事的观念,还是需要一定的外力推动。秦老师的这番话和学生学习《和大人一起读》的效果就成了有力的推手。

三、反思中探索:寻找出路

老师们深知《和大人一起读》是统编版小学语文教材《语文园地》中重要的一个部分,理所当然也是教学内容之一。然而在实际实施过程中,缺少基于每个单元的整体目标设计,每个单元的《和大人一起读》的阅读目标与本单元的教学目标相脱节,导致《和大人一起读》的方向迷失,从而导致随意化、低效化、割裂化问题。正如秦老师所言:

我们从来没有想过《和大人一起读》的教学目标,在教学过程中,少了目标的引领,就导致教学主体缺失、教学内容随意、教学过程无序。在评价方面,由于缺乏目标和实施,教师们也对评价没有什么要求,仅仅是简单化为一单元一问——读《小鸟念书》了吗?

在老师们反思的基础上,学校也要求教研组开展持续教研,寻找有效的实施路径。经过研讨,大家重新定位了《和大人一起读》的教学目标:强化课外阅读、指导读书方法和促进亲子阅读。为实现这些目标,Y小学将《和大人一起读》中的《小白兔和小灰兔》《剪窗花》《小鸟念书》《小松鼠找花生》《拔萝卜》《谁会飞》《猴子捞月亮》《春节童谣》《谁和谁好》《阳光》《胖乎乎的小手》《妞妞赶牛》《狐狸和乌鸦》《夏夜多美》《孙悟空打妖怪》《小熊住山洞》这16篇课文分为基于家长指导的读、基于家长陪伴的读和基于家长合作的读三种类型。不管是哪一种类型的读,既要发挥学生的主体性,也要积极发挥家长的作用,更要强化家长的指导。因此,学校利用钉钉直播、微信群、学校公众号、家长会等方式搭建了共研、共学、共享、共长的共读平台。

(一)确定教学目标

老师们经过认真研讨并结合专家的辅导,认为《和大人一起读》的教学价值主要有强化课外阅读、指导读书方法和促进亲子阅读三个方面。

所有特级教师的经验就是阅读是基础。如何才能让学生爱上阅读、会阅读,这次统编版教材进行了积极的探索。《和大人一起读》《快乐读书吧》等版块的设置就是最佳证明。所以,我们在平常的教学中应该充分利用《和大人一起读》,将课内阅读和课文阅读一体化,把课外阅读当作分内的事。当然,还得指导学生和家长阅读的方法,提高朗读能力,提升交流水平,从而促进亲子阅读、无压力阅读,最终让学生爱上阅读。

(二)搭建共读平台

要和大人一起读,首先大人得会指导、会陪伴和会合作。秦老师说:

家长们的素质确实提高了,但家长不一定会指导、陪伴和与孩子一起读。正是因为这样,我们学校利用钉钉直播、微信群、公众号、家长会等平台指导家长,赋权增能,让家长懂得阅读的指导方法,知道如何陪伴孩子读和与孩子合作读。一方面,我们开展了一些讲座,如上次请了专家讲《如何有效陪伴》,还召开专题家长会,阐明这个版块的重要性和价值;另一方面,我们在公众号和微信群里推送了一些范读视频、《朗读手册》和一些关于阅读的文章。效果非常好,家长们积极参与,学生也非常开心。

其次,学校为了能给家长一个抓手,制定了阅读指导单、阅读记录单和阅读自评单(见表 2-1～表 2-3)。

阅读指导单和阅读记录单大家一起做,只需要做一次就可以了,但是阅读自评单需要根据每个单元中《和大人一起读》的内容来确定,需要费一些时间和精力,但是这种付出能换来学生的阅读能力提升,我觉得很值得。

表 2-1　阅读指导单

指导内容	第一单元	第二单元	第四单元	第五单元	第六单元	第七单元	第八单元
读书姿势							
读准字音							
理解内容							
流利朗读							
简要复述							
积累应用							

表 2-2　_____ 同学阅读记录单

阅读内容		阅读用时	分钟	阅读日期	年　月　日
阅读形式	孩子读给大人听(　)	阅读表现(阅读姿势、字音、内容理解、提出问题)			
	大人读给孩子听(　)				
	大人和孩子一起读(　)				

表 2-3　_____ 同学阅读自评单

阅读内容:_____　　阅读用时:_____

我知道了:_____

我还想读:_____

(三)阅读成果展示

Y小学为了激发家长和孩子的阅读兴趣,构建了立体式展示平台。一方面,通过家庭自拍,将共同阅读的视频上传到钉钉群,大家相互评比;另一方面,利用家长开放日和班会课时间邀请一些家长来学校现场展示阅读成果。秦老师说:

我觉得,展示是一种很好的评价。一是孩子兴趣高涨,孩子再激活家长,带动家长一起读起来；二是班级的阅读氛围变好了，大家相互激励、相互学习，读得越来越好；三是促进了学生阅读能力的提升，为课堂教学打下了坚实的基础。我感觉比以前轻松多了。

共读成果展示的是家长的参与，展示的是孩子的阅读兴趣和阅读能力。这种展示也成了家校联系的纽带。

在展示过程中，各位同学和家长各显神通，形式多样，有的从读到演，有的从读到讲，有的从读到唱。秦老师说：

《孙悟空打妖怪》是童谣，它比较押韵，节奏明快，大家都熟悉。一年级的学生特别喜欢唱，所以有些家长就配上音乐，加上动作，把童谣唱出来，那种押韵、明快的节奏就"跃然纸上"，画面感极强。《狐狸和乌鸦》是寓言故事，寓言嘛，就是通过故事揭示道理，其故事性强，而一年级的孩子特别喜欢故事，可以说是听着故事长大的，所以，很多学生利用插图来讲故事。《妞妞赶牛》是一篇绕口令，具有很强的传统文化意味。在相声演员岳云鹏说的相声里经常出现类似的绕口令，节奏感强，有韵味，所以学生喜欢的方式就是模仿着演出来。总之，形式多样，家长太有才了。

四、共读中成长：收获喜悦

付出就会有收获。只有多阅读才能学会阅读。经过几年的实践和探索，学校不仅探索出了一套有效做法，也实实在在地感受到学生的阅读能力、阅读兴趣有了极大的提高。宋校长说：

对这个版块的有益探索，其实收获远比这个版块的价值要大。学校经历了徘徊、探索、行动、总结、行动、收获这样一个过程，从学校教研的角度而言，这就是学校基于问题的校本教研，有利于提高教师研究问题、解决问题的能力。从学生发展而言，快速地让孩子实现幼小过度和衔接，有利于提高学生的阅读兴趣和阅读能力。从家校关系而言，家校之间的联系更加紧密了，因为有了这个纽带，家长更愿意参与学校活动，也会陪伴孩子了，因为获得了一次又一次的方法指导。

有所收获的不仅仅是学校，家长也收获颇丰，感受良多。一名学生家长曾经向老师表示：

陪伴孩子阅读了几年，但都只是读读而已。经过老师专业的指导，我们学会了如何与孩子一起读，也学会了有效陪伴，更增进了我们家长和孩子之间的感情。其实,在一起读的过程中,我们也再次开启了阅读的旅程。

另一名学生家长在和孩子一起读完《小白兔和小灰兔》后,有感而发,撰写了《和孩子一起〈小白兔和小灰兔〉有感》,既阐明了和孩子一起阅读的过程,也谈了自己和孩子的阅读收获。她写到:

今天放学后,和孩子一起读了她们一年级上册语文书上的《和大人一起读》——《小白兔和小灰兔》,这篇课文较长,对于刚上一年级的小宝来说,一个人通读有些困难。于是,第一遍我就和她分段朗读,她读第一段,我读第二段,要求她用手指指着读,就这样,我们比较轻松地完成了第一遍朗读。

接下来,我和小宝分角色朗读,我让她先挑选角色,她挑了小白兔,我问她为什么不选小灰兔。她说,"因为我更喜欢小白兔,小白兔更勤快、更爱劳动和学习种菜"。哦,原来小朋友通过第一遍阅读,已经知道了课文的大意。旁白我们各读一段,轮流来读。这一遍我要求小宝能够读出自己的感情,我给她示范了一下。例如,"小灰兔很奇怪",我通过语气、语调表达了"奇怪"的意思,就这样,孩子也学会了。

读完两遍以后,我便和小宝一起讨论,这里的两只小兔都做了些什么? 除了小兔以外,还有谁? 小白兔为什么不要老山羊送的菜,而是要了一些菜籽? 小白兔种白菜的过程中都做了些什么? 最后,小白兔挑了一担白菜给老山羊,你心里怎么想? 我基本都用"开放式"问题跟孩子探讨,带着她去思考,让她学会怎样理解课文,并从课文中学会一些做人做事的道理和方法。

在调研过程中,也随机访谈了一些正在该校就读的一年级学生,同学们在谈到《和大人一起读》时都洋溢着快乐、幸福和满足感。

以前都是妈妈给我讲故事,这次是我和妈妈一起读,一起记录我们的阅读感受,挺好玩的。

我和爸爸、妈妈还一起到教室表演了,我扮演的是小白兔,老师还夸我演得好。

我和爸爸妈妈一起读的时候,有些字刚开始不认识,一起读几遍就认识了。我们还比赛,看谁读得好。

我们还一起唱、一起演,很好玩,玩着玩着都会读、会背了,比教师讲课还好玩。

五、实践中共享:分享成果

Y 小学的主动探索和探索成果引起了教育局和其他小学的关注,纷纷要求

Y 小学分享探索的过程、成果以及经验。Y 小学校长说：

也许是大家都在积极探索如何实施统编版教材，也许是我们的探索确实有一定的借鉴价值，很多小学都邀请我们的老师、教研室主任和我分享我们的探索历程和经验，并受到了好评。我认为，无论什么原因，大家已经开始去探索、去研究、去实践，这对教师和学校来说都是好事。能够有效地促进教师专业发展，能够真正落实统编版小学语文教材的相关理念，更能够促进学生的发展。

这次有益探索，不仅是 Y 小学一所学校受益，众多小学都收获颇丰，关键还形成了区域化探索，产生了浓厚的研究氛围。

六、结语

Y 小学教研室主任秦老师认为，能听、能看、能品尝、能品味、能触摸、能思考是我们认识自己和世界的方式，通过多元感官经验的学习，需要引导提醒和启发，而非训练、灌输，要让学生个人经验融合多学科、跨领域和生活情境。《和大人一起读》就是一个很好的平台。

秦老师、徐老师等 Y 小学的语文老师大多工作多年，虽已接受了统编版语文教材的线上线下各种培训，也深知统编版小学语文教材"德育为魂，能力为重，基础为先，创新为上"的编写理念和"加强中华优秀传统文化的教育"等编写特点，但在统编版教材的教学过程中，尤其是对语文园地内容的教学中，还是按照自己的"经验"教学，尚未考虑当前相关政策、要求，用以不变应万变的态度应对各种改革要求。

正是因为一次偶然的阅读检查，发现学生并没有达到预期的阅读水平。秦老师、徐老师等开始反思自己的教学观念和教学行为。他们开始关注《和大人一起读》，并且走出舒适区，开始研究教材和开展集体研讨，找到了实施《和大人一起读》的途径：①《和大人一起读》应成为教学内容之一，只是要分类实施。②建构了确定教学目标、搭建共读平台和阅读成果展示的有效策略。③强调家长的阅读指导和开展针对统编版教材的校本教研。

因此，统编版小学语文教材设计的每一个版块都有其内在要求，这就需要教师对教材编写理念有深入解读。Y 小学的老师从"为什么教""教什么""教到什么程度""谁来教""怎么教""教得怎么样"这六个方面呈现了《和大人一起读》的改革历程和设计思路。

当前,Y小学和老师们感受到了校本教研所带来的成功体验,也让学生和家长真切感受到了阅读的快乐。老师的观念发生了转变,学生学习的热情高涨,动力越来越足。Y小学还在继续探索、不断创新、不断实践,行进在教学改革的路上。未来,还需砥砺前行,不断奋斗。这其中,课程育人、文化育人和家校合作等值得教育理论研究者与每一名教师继续关注、不断探索、不断创新、不断实践。

第三节 教学指导书

一、教学目标

通过对《〈和大人一起读〉的课程化实施》这一案例的讲解和分析,学生能了解到一线小学语文教师探索落实统编版小学语文教材编写者的理念、经验与策略;在当下《义务教育语文课程标准(2022年版)》、"课程化"理论指导下,在案例的启发下尝试探索"课程化"理念下的小学语文教学路径。

(一)适用课程

本案例主要适用于《小学语文教材分析与教学设计》之教材解读和教学设计;同时适用于《小学语文课程与教学论》课程的教学设计和前沿问题讲解。

(二)教学对象

本案例主要为小学教育专业硕士教学开发,也适用于全体教育硕士和小学教育专业本科生。

(三)具体教学目标

(1)理解"课程化"的内涵、路径和困难。

(2)了解统编版小学语文教材设计《和大人一起读》的目的和意图以及实施路径。

(3)以本案例为参考,指导家长学习正确的阅读方法。

(4)理解校本教研和教材解读的意义、路径。

(5)掌握"课程化"的操作策略。

二、启发思考题

(1)阅读本案例,你如何看待 Y 小学探索《和大人一起读》版块的教学改革尝试?

(2)案例中,Y 小学的《和大人一起读》版块的实施经历了从教师困惑到年级组教研再到学校教研的过程,这说明了什么?

(3)Y 小学《和大人一起读》版块的课程化实施路径是什么?

(4)双减背景下,Y 小学《和大人一起读》是怎样成为家校合作纽带的?

(5)小学语文教师怎样才能将统编版教材的编写理念落在实处。

三、分析思路

本案例分析的核心是基于 Y 小学的一年级语文教师主动探索行为来理解教师落实统编版教材编写理念进行教学改革的过程。主要围绕"实施过程中遇到什么难题""如何破解困局"和"课程化实施后的效果"的明线与"为什么研究教材""研究什么"和"怎么研究教材"的暗线展开。

四、案例分析

文质兼美、适合教学、利于学习,是语文教材选文的基本要求。语文阅读应该贯穿整个生活。在广泛阅读的基础上,学会多种阅读方法,具备独立阅读能力,养成读书看报的阅读习惯。这就需要建构大语文课程观,使阅读教学贯穿于学生生活的全过程。

(一)案例回顾

秦老师、徐老师等 Y 小学的语文老师大多工作多年,虽已接受了统编版语文教材的线上线下各种培训,也深知统编版小学语文教材的"德育为魂,能力为重,基础为先,创新为上"编写理念和"加强中华优秀传统文化的教育"等编写特点,但在统编版教材的教学过程中,尤其是对语文园地内容的教学中,还是按照自己的"经验"教学,尚未考虑当前相关政策、要求,用以不变应万变的态度应对各种改革要求。

正是因为一次偶然的阅读检查,发现学生并没有达到预期的阅读水平。秦老师、徐老师等开始反思自己的教学观念和教学行为。他们关注《和大人一起读》,并且走出舒适区,开始研究教材和开展集体研讨,找到了实施《和大人一起读》的途径:①《和大人一起读》应成为教学内容之一,只是要分类实施。②建构了确定教学目标、搭建共读平台和阅读成果展示的有效策略。③强调家长的阅读指导和开展针对统编版教材的校本教研。

(二)理论基础:"课程化"

"课程化"并不算是一种新的理论,只是还没有引起大家的高度重视,直到新课程改革以后,"课程化"逐渐引起大家的关注。"课程化"除了强调目标、内容、实施与评价的一致性之外,还强调以学生学习为中心,以"大人"和学生为阅读主体,注重阅读、学习、体验、形成习惯的统一。通过"课程化",明确"为什么教""教什么""教到什么程度"和"怎么教""教得怎么样"等问题。

(三)"课程化"理论的分析

2022 年教育部印发的《义务教育课程方案》《义务教育语文课程标准(2022年版)》等文件明确要求培养有理想、有本领、有担当的社会主义建设者和接班人,注重课程的培根铸魂、启智增慧作用,注重课程的育人功能。"课程化"强调目标、内容、实施与评价的一致性,明确"为什么教""教什么""教到什么程度"和"怎么教""教得怎么样"等问题。本案例分析也将明确"为什么教""教什么""教到什么程度""怎么教""和教得怎么样"这五个方面对 Y 小学《和大人一起读》的教学探索进行分析。

1. 为什么教

《和大人一起读》是统编版小学语文一年级教材中的一个重要版块,具有重要的价值。它不仅能够激发学生阅读兴趣、使之养成阅读习惯,更能够促进家庭阅读和家长阅读,帮助学生从口语过渡到书面语,增进亲子关系。

2. 教什么

统编版小学语文教材中的《和大人一起读》共计 16 篇,分别是《小白兔和小灰兔》《剪窗花》《小鸟念书》《小松鼠找花生》《拔萝卜》《谁会飞》《猴子捞月亮》《春节童谣》《谁和谁好》《阳光》《胖乎乎的小手》《妞妞赶牛》《狐狸和乌鸦》《夏夜多美》《孙悟空打妖怪》《小熊住山洞》。

3. 教到什么程度

根据课程标准要求,主要从读书姿势、读准字音、理解内容、流利朗读、简要复述、积累应用这6个维度建构"大人"和学生一起阅读要实现的目标。

4. 怎么教

根据16篇文章的内容、性质和难易程度,可以分为大人和孩子共读、孩子读与家长记录、孩子读并讲给家长听等形式。

5. 教得怎么样

通过多种形式的和大人一起读,老师利用展示台、阅读记录单和课堂检测等方式来评价孩子和大人一起读的效果。

(四)Y小学老师教学探索的分析

1. 主体自觉

尽管老师们没有意识到《和大人一起读》的重要意义以及与自己的紧密关系,但它实际上是从评价的视角来检验学生阅读的效果。这引起了老师们和学校的高度重视,从教师个人反思变为教师集体反思和自省自觉,最后上升到学校校本教研,共同探索和研究。

2. 校本教研

在现有学校内部组织体系、教研体系、课程体系、学科教师发展体系等未能发生相应改变的情况下,校本教研是教师发展的重要途径。基于教师的反思和自我探索,学校教研室主任敏锐地发现问题、分析问题,组织校本教研,开展教材研究,大胆进行探索和实践,最后取得了丰硕的成果。

3. 学生阅读能力为旨归

在当前双减背景下,某种程度上束缚了教师给家长留作业,学校经过反复研究,通过给家长做线上线下培训和指导,充分调动家长的积极性,有效开展和大人一起读活动,激发了学生和家长的阅读兴趣,也培养了学生的阅读能力,增进了亲子关系,有利于学生的幼小衔接和从口语过渡到书面语。

4. 家校合作

《和大人一起读》成了家校联系的重要纽带。它既能帮助家长学会阅读和指导阅读,又增进了家校合作,实现共同育人。教师根据16篇课文的内容,设计了不同的阅读指导记录单,开展了不同形式的成果汇报,丰富了家校合作的内容和形式。

5.积极反馈

经过每一篇《和大人一起读》自读、共读和教读后,学生在读书姿势、读准字音、理解内容、流利朗读、简要复述、积累应用等方面都有所收获。这都源于"课程化"的设计,明确了"为什么教""教什么""教到什么程度""怎么教"和"教得怎么样"。

五、课堂设计

(一)时间安排

大学标准课 4 节共 180 分钟:布置和预习 1 节,上课讨论 1 节,课堂实践 1 节,反思总结 1 节。

(二)环节安排

提前一周利用 1 节课的时间预习《观潮》这篇课文,并结合问题解决学习进行教学设计→小组讨论设计方案→研读案例→课堂分享与报告→教师点评和学生互评→设计本单元中其他内容→学生实践→教师和学生评价。

(三)人数要求

40 人以下的班级教学。

(四)教学方法

以讨论为主,以练习法、讲授为辅。

(五)组织引导

(1)教师布置任务清晰,预习要求明确。
(2)给学生提供必要的参考资料。
(3)对学生进行教学设计、课堂教学、观点分享等必要的技能训练。
(4)对学生课下的讨论予以必要的指导并给出建议。

(六)活动设计

1.提前两周布置阅读任务
阅读《义务教育语文课程标准(2022 年版)》和教材中《和大人一起读》的内

容,同时查阅统编版小学语文教学教材编写理念、《和大人一起读》的实践策略等相关文献。

2.组内讨论与交流

为每个小组提供一张小组讨论记录表,记录小组成员的发言情况和问题清单。

3.小组汇报与分享

在汇报中,每位同学做好记录,进行录像,以便提问、互动与反思。

4.点评与指导

教师对小组的教学设计进行点评,适时地提升理论,把握教学的整体进程。

5.总结与反思

课后各小组根据汇报的情况,及时总结和反思,进一步改进与完善案例教学。

六、要点汇总

"课程化"除了强调目标、内容、实施与评价的一致性之外,还强调以学生学习为中心,以大人和学生为阅读主体,注重阅读、学习、体验、形成习惯的统一。通过"课程化",明确回答"为什么教""教什么""教到什么程度"和"怎么教""教得怎么样"等问题。因此,如何系统化思考"为什么教""教什么""教到什么程度""怎么教""教得怎么样"等问题需要进一步探讨。

因此,在本案例的教学探索过程中,主要教学知识点如下所示:

(一)"课程化"

"课程化"就是要实现目标、内容、实施与评价的一体化,要明确回答"为什么教""教什么""教到什么程度""怎么教""教得怎么样"等问题。

(二)"课程化"的困难

"课程化"是在全面理解统编版小学语文教材编写理念的基础上,用整体融通式思维思考"为什么教""教什么""教到什么程度""怎么教""教得怎么样"等问题。因此,"课程化"最大的困难就在"系统化"。要明确目标、确定内容、找到方法、合理评价,实现教、学、评一体化。

(三)"课程化"的路径

课程化实质上是要明确回答"为什么教""教什么""谁来教""教到什么程度""怎么教""教得怎么样"等问题。因此,在《和大人一起读》的"课程化"实施探索中,结合 Y 小学的探索历程,引导学生认识到作为"课程化"的主体,教师应从教学目标、教学资源、评价等方面进行有效设计和指导。

第三章
基于PBL模式的小学语文教学探索与案例教学指导

第一节 背景信息

PBL模式最早是伍兹（Woods）和巴罗斯（Barrows）在加拿大马迈斯特大学授课过程中提出的。它以问题为学习的起点，以解决问题为目的，以小组合作为形式，将学习的主动权给学生，教师从旁指导，学生通过探究与讨论，解决问题，使学生真正地成为课堂的主体。

《义务教育语文课程标准》（2022年版）提出，语文课程致力于全体学生核心素养的形成与发展，为培养学生求真创新的精神、实践能力和合作交流能力，创设丰富多样的学习情景，设计富有挑战性的学习任务，激发学生的好奇心，促进学生自主、合作、探究学习。可见，PBL模式与核心素养的内涵及语文教学的理念契合度很高，但这种新的教学模式在具体学科教学中的进一步推广和应用面临多重困难。

虽然将PBL教学模式应用于一线教学的案例较少，但对Y市W小学的调研中，我们发现了江老师的大胆尝试。江老师具有5年教学经验，对新教学模式和教学方法乐于探索和悉心钻研，并积极将其应用于自己的课堂教学中。本案例选自2021年9月，江老师在"新时代教育"青年教师示范大赛中展示的统编版四年级下册《飞向蓝天的恐龙》一课。

江老师的尝试唤起了一线教师勇于尝试的探索精神，也推动了PBL模式在W小学语文教学中的应用之路。对新教学模式进行尝试的案例为新时代教育的教学改革提供了重要的实践意义和理论研究价值。

第二节　案例正文

自从江老师被定为"新时代教育"青年教师示范大赛的备选教师,就一直在思考:"如何在教学中体现新时代教育的核心素养",在与教研组第一次会议后就触发她思考小学语文教学如何将 PBL 模式应用于课程教学。那到底是什么激起她思考 PBL 模式的呢? 思考结果是什么?

一、禁锢学生的藩篱

(一)教学困顿

教研组在备赛研讨会上提出:"如何体现这次示范课的主题——新时代教育的'新'?"江老师率先提出自己的看法:"新"就是去除原来不好的、不适合的教育方式和模式。这打开了老师们的话匣子,张老师说:"每次阅读课的教学方法大都相似,上课用一样的方法和模式,能明显感觉到学生积极性不高。"李老师连连点头说道:"是啊,都是我们在灌输阅读的重点和方法,但是阅读本身表达的知情意反而被我们关注知识点的一连串问题消磨了,我们越教反而越没有教会学生学习,学生只是毫无兴趣地死记硬背了几个零碎的知识点。"

张老师的发言让大家陷入沉默,因为这就是大多数教师在阅读教学中的困扰。江老师在这时发言了,她说:"借这次备赛研讨会,我们说出了在阅读教学中的困惑,这其实是好事,因为这说明我们都意识到这样的教学方法是需要改变的,我们也希望可以改变。我们能认识到问题,那距离改进就不远啦。"是的,正如江老师所言,很多老师都希望能够改变,只是苦于一时不知如何突破。

(二)突破心忧

经过上次研讨会,江老师开始思考:我们现在所说的问题,是老师在阅读课上还是占据主导地位,没有给学生足够的时间和机会进行探索。说到底,就是还没有把学生是学习的主体体现出来。江老师在第二次研讨会上积极和大家共同探讨:为什么学生的主体性没有体现在教学中? 学生的主体性如何体现教在学中? 张老师说:"说实话,我比较担心学生不能自主探索到需要掌握的内容。"李老师说:"学生有探究能力吗? 学生探究偏了怎么办? 学生探究不到怎么办？这不是我们简单说放手就能放手的。"这些问题也是江老师这几天都在反复思考的,虽然还未找到具体的方法,但江老师还是希望可以尝试一次可以让学生探索的课堂,老师们的发言给了江老师寻找不同教学方式的提示,她想:"这样一种教学模式不应该是放任学生自流的,也不应该是教师不提供探究框架的,更不应该是学生独立完成的。"

(三)PBL 模式教学

江老师在一次契机下,找到了理想的教学方式。在一次学校组织的高校研究者学术分享活动中,江老师认真听取了专家关于教学方式改革的汇报,并在活动结束后积极寻求专家的建议。江老师第一次听闻 PBL 模式,这激发了江老师探究的好奇心和兴趣,通过查阅《PBL 学习的模型研究》《PBL 的理论与实践》《问题导向学习在课堂教学的运用》《探究性阅读教学的理论思考与实践探索》等书籍和文献,她了解到 PBL 模式的来源、特性和实施方式。她说:

PBL 模式以问题为学习的起点,通过小组合作将学习的主动权给学生,教师以提供学习资料等方式为学生提供学习的引导和辅导。这样的教学模式能为学生提供充分的机会进行思考,提出问题,并尝试运用自己所学的知识探究问题的答案。

江老师积极地与教研组分享自己有意使用 PBL 教学模式参赛的想法,这不仅可以让学生有更多的课堂自主权,激发学生的好奇心和探求知识的欲望,还可以运用小组合作的方式使学生独立解决问题。但学生怎样产生与阅读内容相关的问题？学生怎样学会解决问题的方法？这是江老师需要思考的另一个问题。

二、设计 PBL 模式的三思

在小学语文教学中如何运用 PBL 模式,一开始江老师心里没底,比如:具体什么内容可以与 PBL 模式契合？该如何将 PBL 模式运用在阅读教学中？又该怎样把握学生的非预期行为？这是江老师将 PBL 模式与阅读教学相融合的三大痛点。为了能取得实质性的突破,备赛教研组召开了一次又一次研讨会,最终江老师聚焦到统编版小学语文教材,以四年级下册第二单元的《飞向蓝天的恐龙》为例进行探索。

(一)首思选择教学内容

江老师苦于不知选择什么教学内容能运用 PBL 模式教学,备赛组老师们积极学习 PBL 模式的理论,在此基础上纷纷建言献策。张老师率先发言:要先让学生对学习内容产生兴趣,孩子们才有可能提出自己感兴趣的问题,才有一步步继续探究的动力。江老师也认为激起学生的学习兴趣十分重要,她紧接着说:

正如杜威所说要以经验为中心、以儿童为中心、以活动为中心。学生的经验是选择教学内容切入点的关键,要从学生实际情况出发,充分了解学生心理特点,以学生为中心通过真实情景或虚拟情景中的问题为学习的起点。我们也了解人本主义的学习理论,只要在适合的条件下,每个人的潜能就能得到发展。创造学生感兴趣的问题情境,会更好地激发学生学习的兴趣和动机。

老师们都希望学生对学习充满兴趣,但往往是学习一开始学生对新鲜事物感兴趣,后面老师的讲述如果是平铺直叙就会消磨学生的兴趣。魏老师补充道:不仅学习的导入要吸引学生的兴趣,还要将学生探究的好奇心贯穿在课堂中,才能充分调动学生学习的主动性。

兴趣是最好的老师,但如果没有具体的探究方法,学生无从对感兴趣的问题继续探究,解决问题就更加无从谈起。林老师发表了自己的看法:

学生在不了解解决问题的方法就会逐渐放弃自己的问题,那么就会错失一个学生解决问题的机会。所以,我们基于 PBL 模式的教学应该教会学生解决问题的方法,而不是表面上热闹非凡的小组讨论,实则没有章法和程序,最后只能由老师直接给出问题的答案。这不仅没有让学生学会解决问题的方法,反而花费更多的时间让学生养成等待答案的习惯。

在老师们持续一上午的讨论中,江老师频频点头,顿悟道:我们最重要的是教会学生解决问题的方法而不是告诉孩子们答案。统编版教材在四年级下册设置了提问单元,就是要强调学生提问的重要性,《飞向蓝天的恐龙》这篇文章是说明文,用科学的语言讲述科学家们如何提出假设、如何一步步验证假设,最终得出恐龙飞向蓝天的结论,这不就是引导学生学会解决问题很好的范例吗?并且恐龙已灭绝,恰恰是孩子们感兴趣的动物。对于教学内容,老师们经过反复讨论和慎重思考,最终确定为《飞向蓝天的恐龙》。

(二)再思如何运用

江老师刚开始着眼于运用 PBL 模式结合《飞向蓝天的恐龙》这篇文章让学生提出自己的问题,再紧跟科学家们解决问题的方式教会学生解决问题的方

法,但这一想法在教研组中产生分歧,魏老师说:

　　我们运用这种新教学模式,是为了更好地教学,以让学生掌握知识和技能,但只注重培养学生解决问题的方法而忽视具体教学内容的意义,换句话说就是只重技能而忽略知识也是值得商榷的。对于《飞向蓝天的恐龙》统编版教材的课后提问做出要求,学生要对恐龙飞向蓝天的过程进行掌握,对文中说明文的表现方式进行赏析,这也是教学不可忽略的重要部分。

　　魏老师的话及时提醒了江老师和其他教研组成员,只重视技能的培养而严重脱离基本知识的培养要求是错误的,在教学设计中不应忽略课文知识的重要性,尤其是对于小学生来说基本知识是后续学习的重要基石。

(三)三思如何实施

　　通过多次研讨会,江老师对运用 PBL 模式教学有一定的思考,江老师认为可以将 PBL 模式与教学目标、教学内容、教学过程和教学方式相整合,在兼顾课文内容的同时给学生提供更多解决问题的方法指导。

1. 提出问题

　　江老师认为,有一定的已有经验是提出问题的前提,也是解决问题的基础。学生的经验不仅来自课堂的间接经验,更来自生活的直接经验。江老师逐层分析,在《飞向蓝天的恐龙》一课中,为了让学生有能力提出与教学内容相关的问题,必须先让学生调动已有经验,与学生的生活经验相链接。其关键在于提供的教学资源能调动学生的兴趣,增加学生的已有经验,提出想知道的问题。同时,李老师又追问了两个问题以说明提出问题的基础性:①提供的教学资源与课文内容建立联系了吗?②学生的提问与课文的表达建立联系了吗?

2. 学习解决问题的方法

　　在江老师看来,提问既是学生与文本深度对话的过程,又是学生与思维对话的过程。在《飞向蓝天的恐龙》一课中,就是要找到好奇点——飞和恐龙,恐龙和鸟类有什么共同点和差异?恐龙如何经历漫长的历史飞向蓝天?我们又是如何知道这一进化过程的?围绕这些问题,江老师认为,有三条途径可以学习解决问题的方法:①细读文本,与文本内容对话。②深入解读文本,对篇章进行理解。③寻找课文中解决问题的方法。

3. 运用解决问题的方法

　　江老师认为,提问和解决问题的范式是学生解决问题的基础,为此要先总结和归纳课文中解决问题的方法。在设计时,我们可以设计成综合实践活动。学生通过综合实践活动进行探讨,寻找并归纳解决问题的方法,这便提升了学生解决问题的能力。在《飞向蓝天的恐龙》这一课中,江老师设计了三个实践活动,学生通过画和写的活动来记录提出问题和解决问题的过程。江老师认为,要培养学生的核心素养,有三条途径:①发挥语文学科综合实践的优势。②教材中的科学问题应该延伸到日常的学习和生活中。③通过绘画、交际等方式把提出和解决问题的过程记录下来。

三、实践——基于 PBL 模式的教学路径

江老师在确定教学方式和教学内容的基础上,根据提出问题、学习解决问题的方法、运用解决问题的方法这一教学设计框架开展教学实践,进行了《飞向蓝天的恐龙》第二课时的教学。

(一)分享已有经验

江老师在第一节课后给同学们提供了不同类型恐龙的资料,有帝龙、霸王龙、三角龙、马门溪龙等,还有与恐龙相关的纪录片,以此提高学生的兴趣,增加已有经验。并以四人为一小组通过学习记录表(见表3-1)的方式追踪提出问题、解决问题的过程,江老师以此为第二课时教学的导入环节。

学生有了关于恐龙的已有经验,才能更好地贴近课文中提出的问题。在与课文中的问题产生共鸣的基础上,对其解决问题的过程才能有更深刻的感受。基于此,江老师为增加学生对恐龙的已有经验,以便学生能在最大程度上接受文中提出的问题,将课文中提出的问题转化为学生也想探究的问题。这样,既关注到课文内容本身,又充分调动了学生的经验和兴趣。

表 3-1　学习记录表 1

我了解的恐龙 (名称、形态、栖息地等)	
我想知道的问题	

片段一:

师:同学们,课后大家通过纪录片了解了很多形态各异的恐龙,还用学习记录表记录了自己提出的问题(图3-1),大家一起来分享一下吧。你们了解到了哪些恐龙?有什么问题呢?

我了解的恐龙 （名称、形态、栖息地等）	霸王龙.1485吨体重.体长11.5-14.7米 食肉恐龙.陆地
我想知道的问题	霸王龙为什么灭绝了？

图 3-1　学生记录表

生：我知道有一种恐龙叫帝龙，它还叫中华龙鸟。它是不是变成今天的鸟了？

生：我知道霸王龙，它是吃肉的，长得很强壮，用两只脚走路，还特别喜欢吃别的恐龙。霸王龙这么厉害，我想知道它是怎么灭绝的（见图 3-1）。

师：同学们了解了这么多种不一样的恐龙，还提出了自己想知道的问题，我听到有同学想知道会飞的恐龙是不是变成了鸟类，还有同学想知道霸王龙是怎么灭绝的。老师也有一个问题，恐龙和鸟类究竟有没有联系呢？今天我们一起来探索一下，看看恐龙和鸟类有哪些共同点，又有哪些地方特别不一样。

（二）探究合作，提出解决问题的依据

江老师认为《飞向蓝天的恐龙》这篇课文重点要了解恐龙飞向蓝天的过程，同时要重点掌握探究这一结果的方法。基于这种想法，江老师通过引导学生跟随科学家的研究过程掌握解决问题的方法。

片段二：

师：每个人都在学习记录卡上记录了一种恐龙，我们课文里也介绍了很多恐龙，你们以四人为小组讨论交流关于恐龙和鸟类的相同点和不同点，可以根据文中收获的信息，也可以根据学习记录卡上的信息，填入图 3-2 中。

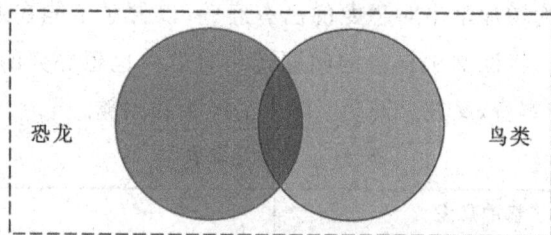

恐龙　　　　　　　　　鸟类

图 3-2　恐龙与鸟类的相同点与不同点

江老师给每个小组都提供了学习任务单，并让同学们以四人为小组进行讨论，完成任务单。在发放任务单后，江老师反复强调：

孩子们，一定要再仔细阅读课文，相互合作，不要一个人填写，要发挥集体的智慧和力量。还可以结合你们课后的学习记录表进行补充。当然，你们小组也要做好分工，一定要有一个记录人，将讨论结果记录下来，如图 3-3 所示。

讨论时,江老师边巡视边鼓励学生,还不时参与到学生的讨论中。持续了 3 分钟后,李老师看到大家的任务完成得差不多了,就让三个小组作汇报。

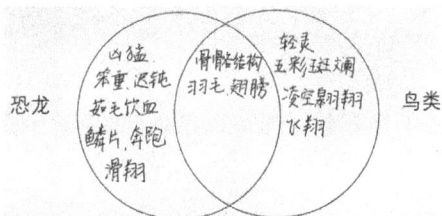

图 3-3 学生自主学习图

师:通过三组同学的分享,我们发现恐龙和鸟类有不少共同点。请同学们大胆说一说,你会提出什么问题?

生:恐龙是不是鸟类的祖先?

师:真是小小科学家,像文中的科学家一样提出这个疑问,到底是不是恐龙变成了今天的鸟儿呢?看一看科学家们是怎么知道这个问题的答案的。

(三)学习解决问题的方法,展现恐龙飞向蓝天的过程

江老师认为,学习解决问题的方法是 PBL 模式重要的一步,一定要厘清文中解决问题的方法,总结出问题的结论,在此过程中感受文中的词句特点,江老师设计了自主学习任务单(图 3-4)。

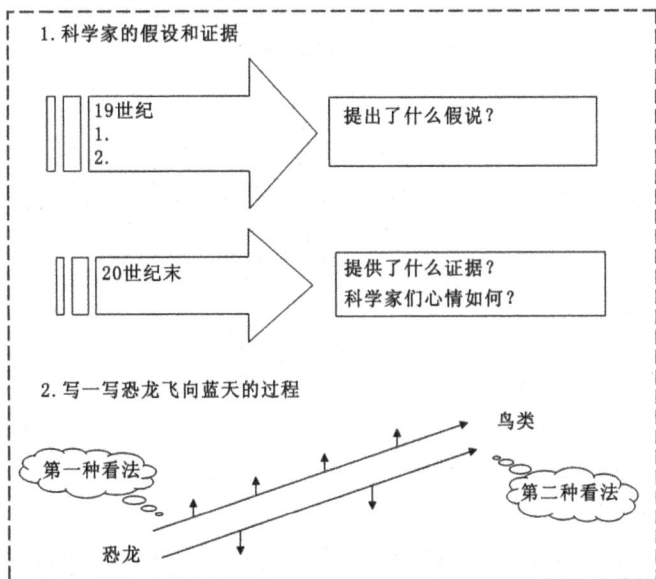

图 3-4 学习任务单

片段三:

师:同学们快速浏览老师给大家的学习任务单,自由朗读课文,并完成任务单。

生:好。(齐声)

学生精读课文,江老师在教室里巡回走动,关注学生完成任务单的进度,学生讨论并填写任务单。

师:看到大家都完成了任务单(图3-5),非常棒,说明同学们了解了科学家是怎样提出假设,并且用什么证据证实了这个假设,最后得出了什么结论。那我们一起来看看大家是不是都跟上了科学家们的脚步。

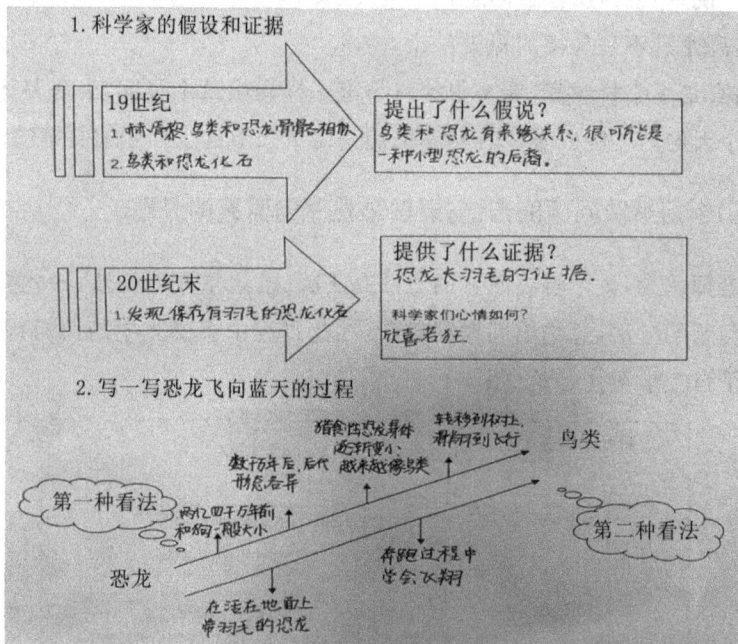

图3-5 学习任务单

1. 提出假说

片段四:

师:请男生齐读第二段,看看科学家通过什么依据提出了问题,又通过什么证据证实了假说。

男生:(读课文)

师:非常棒,一些很难的读音都读正确了,哪位同学能回答刚才老师提出的问题?

生 1：英国学者赫胥黎注意到恐龙和鸟类在骨骼结构上有相似之处。

生 2：科学家们研究了很多恐龙和鸟类的化石，提出鸟类可能是小型恐龙的后裔。

生 3：在辽西发现了有羽毛的恐龙化石。

江老师引导学生找到了科学家发现问题的依据："骨骼""化石"，并感受到科学家证实假说后的"欣喜若狂"。

2. 恐龙飞向蓝天的过程

江老师认为，根据课文和课后习题都可以看出，这是本课的重点，应该让学生反复朗读，重点理解恐龙飞向蓝天的过程，学习如何描写形态各异的恐龙。江老师根据学习任务单，着眼于恐龙飞向蓝天的过程展开教学。

片段五：

师：科学家们根据化石推测出恐龙飞向蓝天的过程有两种可能，我们一起来看看恐龙的演化过程。请同学们分享下你在第几段了解到关于恐龙演化的猜想。

生：第四段。

师：读一读文中是怎么描写第一种猜想的。

生：有很多种恐龙，最后有一些变成了鸟类。

师：对，用举例子的方法说明恐龙是形态各异的庞大家族。你觉得用这个说明方法有什么好处？

生：举出好多例子，说明恐龙确实是形态各异的。

师：我们课前也收集了很多关于恐龙的信息，同学们来补充下其他恐龙的形态。

生：有些恐龙喜欢在树上活动，有些恐龙喜欢在水下活动；有些恐龙有长长的尾巴，有些恐龙有长长的脖子；有些恐龙有翅膀，有些恐龙有角。

师：非常不错，让老师认识了恐龙真是形态各异的庞大家族。

江老师引导学生运用举例子的说明方法进行描写。

师：谁来告诉我们恐龙是怎样变成鸟类的呢？

生 1：其中一种恐龙身体越来越小，越来越像鸟类。

生 2：很有可能是为了躲避敌害或寻找食物而转移到树上了。

师：是的，科学家的第二种看法是什么？

生:生活在地面上的带羽毛的恐龙,在奔跑过程中学会飞翔。

师:对,这就是科学家们关于恐龙最终飞向蓝天变成鸟类过程的两种猜想。同学们根据学习任务单上的描述用自己的话说一说恐龙飞向蓝天的这一过程吧。

(四)综合实践,分享解决问题的方法

江老师认为,通过近两节课的学习,学生了解了恐龙与鸟类的联系,与科学家一起探索了恐龙飞向蓝天的过程,因此要让学生把提出问题和解决问题的方法总结出来。江老师运用学习记录表(见表3-2)设计了综合实践活动,让学生讨论应用解决问题的方法,感受探索问题的快乐。

PBL模式是最终指向学生解决问题的教学模式,所以要总结学生学习到的解决问题的经验,通过小组讨论提出解决问题的不同方案,并将其运用在具体的解决问题过程中。

片段六:

师:我们学习了科学家通过化石找到鸟类和恐龙的相同点并且提出恐龙飞向蓝天过程的猜想。下面大家可以在学习记录表上写出自己想知道的问题和提出的假设,再通过小组讨论说一说你会运用什么方法解决问题。

表3-2 学习记录表2

我了解的恐龙 (名称、形态、栖息地等)	
我想知道的问题	
我的假设	
我的证据	
可以解决的办法	
我得到的结果	

生1:老师,我们是一个小组提出一个问题吗?

生2:老师,我们是在课后完成"得到的结果"这一项吗?

师:一个小组可以提出一个问题,也可以提出多个问题。可以在小组内一起讨论,这节课咱们一起把解决办法想好,得到的结果可以课后查完资料后补充完整。然后老师将大家的小研究贴在展示树上,大家还可以继续讨论和学习。

第二天,老师收到了很多学生的学习记录表(见图 3-6),也得到了很多家长积极的反馈。有家长也参与到孩子解决问题的过程中,给孩子鼓励和指导,没想到孩子提出和解决问题的方法很有逻辑。

我了解的恐龙 (名称、形态、栖息地等)	霸王龙 1485吨体重,体长11.5—14.7米 食肉恐龙,陆地
我想知道的问题	霸王龙为什么灭绝了?
我的假设	霸王龙没有食物被饿死
我的证据	霸王龙长得很强壮,每天要吃斤肉,但食物不够
可以解决的办法	观看纪录片,去恐龙博物馆
我得到的结果	小行星撞击地球,植物都死亡,食草食肉恐龙饿死了

图 3-6 学习记录表

四、反思——PBL 模式教学的成效

江老师说:"这次课后收到了很多家长的积极反馈,也收到了学生课后积极完成的学习记录表,我认为这次 PBL 模式教学的尝试是十分有意义的。"

江老师认为,本节课中,在教学目标达成方面:①学生认识了形态各异的恐龙,知道恐龙与鸟类的相同点与不同点;②结合文本掌握恐龙飞向蓝天的过程;③知道举例子的说明方法,并能够仿写;④学生通过提出假设－找到证据－得出结果感受解决问题的过程;⑤学生能提出自己的问题,并通过讨论寻找解决问题的方法,学生思维得到训练。

江老师认为,在教学过程方面,运用 PBL 模式让学生积极参与,学会了提出问题、解决问题的方法,体现了学生是学习的主体,是课堂的真正主人,通过设计学习记录表自主学习和学习任务单合作学习的方式,学生经历了语言实践过程,提升了语言能力、思维能力和合作能力,发展了感受力、组织力、判断力、创造力。

五、结语

江老师认为,PBL 模式可以极大地开发了学生解决问题的能力,提高语文学习的兴趣,学生有提出问题、表达想法、验证想法的机会。学生按照一定的方法解决问题能提高学习效率,激发主动探究、合作的品质。因此,PBL 模式是教学中培养学生核心素养的有效教学模式。江老师利用"内容选择,应用 PBL 模

式,实施 PBL 模式"三个过程呈现了小学语文阅读教学中运用 PBL 模式的设计思路。在实践部分,江老师呈现了《飞向蓝天的恐龙》第二课时的教学。江老师也对教学效果进行反思,实现了预期的教学目标。因此,江老师在教学时,践行了培养学生核心素养的理念。

彼时,江老师以及教研组的成员和她们所在的学校尝试了一种新的学习方式,也极大地感受到培养学生的核心素养可以从变革教学模式开始,从每一位老师以学生为学习的主体的理念开始。教师角色的转变,让课堂氛围变得活跃,学生能够积极思考所提出的问题,彰显个性和主体性,对学习的热情越来越高。江老师还在继续探索和不断尝试,在教学改革的路上积极创新和大胆实践。未来,不忘初心,砥砺前行,继续奋斗。这其中,培养学生核心素养需要每一位教育理论研究者与一线教师继续创新,继续探索,继续实践。

第三节　教学指导书

一、教学目标

通过对《基于 PBL 模式的小学语文教学探索》这一案例的讲解和分析,学生能了解到一线小学语文教学运用 PBL 模式探索培养学生核心素养的教学实践,并学习当前最前沿的 PBL 理论,在案例的启发下尝试探索 PBL 模式培养学生核心素养的小学语文教学路径。

(一)适用课程

本案例主要适用于《小学语文教材分析与教学设计》之教材解读和教学设计;同时适用于《小学语文课程与教学论》《课程与教学论》课程的教学设计和前沿问题讲解。

(二)教学对象

本案例主要为小学教育专业硕士教学开发,也适用于全体教育硕士和小学教育专业本科生。

（三）具体教学目标

（1）理解"PBL 模式"的内涵、路径和困难。

（2）了解 PBL 模式在小学语文教学中的作用，获得基于 PBL 模式语文教学实践方面的经验与策略。

（3）以"解决问题"为教学设计的基础，获得运用 PBL 模式进行小学语文教学设计的知识与经验，提高教学设计能力。

（4）理解如何引导学生产生探究的兴趣，体会如何利用综合实践活动激发学生提出问题、解决问题的深层动机。

（5）掌握"PBL 模式"的操作策略。

二、启发思考题

（1）阅读本案例，你如何看待江老师进行教学改革尝试？

（2）江老师是如何引导学生提出与文本内容相关的问题的？

（3）江老师是如何进行《飞向蓝天的恐龙》第二课时的教学设计的？如果你来设计这部分内容，你会遵循怎样的设计思路？

（4）江老师以《飞向蓝天的恐龙》为例的教学实践给你带来哪些启示？

（5）简述你对"PBL 模式"的理解和学科路径的认识。

三、分析思路

本案例分析的核心是基于江老师的主动探索行为来理解教师运用"PBL 模式"进行教学改革的过程。主要围绕"为什么要使用""什么内容能使用""怎样使用"的明线与"为什么提问""怎么提问""怎么解决"的暗线展开。

四、案例分析

语文课程致力于全体学生核心素养的形成与发展，为学生学好其他课程打下基础；为学生形成正确的世界观、人生观、价值观，形成良好个性和健全人格打下基础；为培养学生求真创新的精神、实践能力和合作交流能力，促进德智体美劳全面发展及学生的终身发展打下基础。与传统教学法相比，PBL 模式为学生营造一个轻松、主动的学习氛围，使其主动、积极建构知识，并在合作学习中从同伴和教师那里获得更广泛的知识，它可以最大限度地激发学生的思维活动，加深学生对知识的理解并促进知识的转化,有利于培养学生的求知欲和研究欲❶。将 PBL 模式运用在小学语文教学中,是实现培养学生核心素养的重要方式。

(一)案例回顾

有 5 年教龄的江老师处于新手教师向熟手教师转变的过程中,统编版教材的实施,更加体现培养学生核心素养的要求,虽参加过许多教育理念的交流会,但还是没有真正落实在一线的教学中,难以确定何种教学方式能真正培养学生的核心素养。

正是因为这次"新时代教育"青年教师示范大赛,激起了江老师大胆尝试新 PBL 教学模式的想法,也获得了教研组老师们的肯定。他们通过认识 PBL 模式,选择合适的教学内容,将 PBL 模式与教学要求相结合,安排教学过程等,找到了用 PBL 模式培养学生解决问题的方式:①提出问题;②学习解决问题的方法;③运用方法解决问题的框架设计了《飞向蓝天的恐龙》一课的教学。从此,走上了运用 PBL 模式培养学生核心素养的探索之路。

(二)理论基础:PBL 模式

核心素养是学生通过课程学习逐步形成的正确价值观、必备品格和关键能力,是课程育人价值的集中体现。义务教育课程培养的核心素养,是学生在积极的语言实践活动中积累、建构并在真实的语言运用环境中体现出来的,是文化自信和语言运用、思维能力、审美创造的综合体现。

(三)PBL 模式理论的分析

1.劣构性问题与情境性

PBL 模式中的问题要涵盖教学所要掌握的知识点,具体特定答案的问题是远远无法满足这个要求的,所以 PBL 教学中的问题具有劣构性,其答案是不确定的,不能直接获取解决方法,需要学习者根据已有的知识经验对问题进行分析,便于学生进行探究。

---

❶ 乔玉玲,郭莉萍.PBL 教学法在大学英语阅读教学中的应用[J].教育理论与实践,2011,31(30):58-60.

PBL 模式中的问题通过真实情景或是模拟真实情景来呈现,将书本中的知识与现实中的生活相联系,将学生置于真实或模拟真实的情景中,大大提高学生的学习兴趣,也有利于学生将书本中的知识向现实中迁移。

2. 学生的主体性与主动性

PBL 模式体现了建构主义学习理论的思想,强调学生是学习的主体,教师是学生学习的辅导者与引导者。PBL 模式下学生根据问题去自主学习,自主收集信息,诠释自己的理论。在这个过程中,教师只是提供相关学习资源,对学生的元认知技能进行培养和训练,对学生的学习进行引导,而不是直接告知其答案,学生是学习的主人。

PBL 教学中学生能充分体现学习的主动性,有独立思考、发表观点与创新实践的机会,学生主动经历学习探究的过程,使学生学得更有兴趣,有利于学生对学习材料的理解和掌握,更能发展学生的问题意识与研究能力。

3. 学习活动的合作性与探究性

PBL 模式强调学习的过程以合作学习为方式,将学生看成重要的学习资源,充分发挥学生的才智与能力。教学中,通过小组合作达到最终解决问题的目的,由于组内成员的已有经验不同,对问题的看法、关注点也会不同,收集的资料呈现多样化,提出解决问题的方案也各不相同,合作学习更有利于学生交流思想,碰撞出新的火花。与此同时,小组合作学习的过程,既有助于问题的解决,又能促进学生的人际交往能力和团队合作能力的发展。

PBL 模式通过不良结构的问题激发学生的探究欲望,鼓励学生在探究过程中找到问题的解决方案。这样的教学不同于传统的教学方式,学生再也不是被动的接受者,而是问题的主动探索者,他们尝试运用自己已有的知识探究问题的答案,不断地提升自己的思维能力。整个学习过程是对问题的探究过程,学生的探究精神与意识也得以发展。

(四)江老师教学探索的分析

1. 教学的困顿

江老师在"新时代教育"青年教师示范大赛的备赛中积极反思现有教学方式的困顿,教研组的教师们相互启思,为改变现有教学方式的困扰寻找突破点。

2. 学生为主体

江老师坚持教学一定要积极调动学生的主体性,教师是学生思维的启发者,学生探究的引领者,学生讨论的倾听者,要让学生真正成为课堂的中心。知识是学生通过获取资料与合作讨论自主探索出来的,而不再是通过教师的灌输。

3. 认识 PBL 模式

江老师通过查阅《PBL 学习的模型研究》《探究性阅读教学的理论思考与实践探索》等书籍和文献,了解到 PBL 模式是以问题为学习的起点,通过小组合作将学习的主动权给学生,教师通过提供学习资料等方式为学生提供学习的引导和辅导。这样的教学模式能为学生提供充分的机会进行思考,提出问题,并尝试运用自己所学的知识探究问题的答案。

4. 学生学习解决问题的方法

江老师以学生提出问题、解决问题为目标,结合《飞向蓝天的恐龙》一文中科学家解决问题的范式为学生提供参考,学生运用学习记录表体现了解决问题的过程。

5. 积极反馈

经过《飞向蓝天的恐龙》一课的学习,学生完成作业的积极性提高了,也得到了家长的积极反馈,江老师觉得这次尝试找了家长和教师的合力点,感受到了"价值相似""利益相关",在某种程度上形成了家校教育的合力。

五、课堂设计

(一)时间安排

大学标准课 4 节、180 分钟:布置和预习 1 节,上课讨论 1 节,课堂实践 1 节,反思总结 1 节。

(二)环节安排

提前一周利用 1 节课的时间预习《飞向蓝天的恐龙》这篇课文,并结合问题解决学习进行教学设计→小组讨论设计方案→研读案例→课堂分享与报告→教师点评和学生互评→设计本单元中其他内容→学生实践→教师和学生评价。

(三)人数要求

40 人以下的班级教学。

（四）教学方法

以讨论为主，以练习法、讲授法为辅。

（五）组织引导

- 教师布置任务清晰，预习要求明确。
- 给学生提供必要的参考资料。
- 对学生进行教学设计、课堂教学、观点分享等必要的技能训练。
- 对学生课下的讨论予以必要的指导并给出建议。

（六）活动设计

1. 提前两周布置阅读任务

阅读《义务教育语文课程标准（2022 年版）》《PBL 学习的模型研究》和教材中的《飞向蓝天的恐龙》，同时查阅小学语文教学中运用 PBL 模式教学实践等相关文献。

2. 组内讨论与交流

为每个小组提供一张小组讨论记录表，记录小组成员的发言情况和问题清单。

3. 小组汇报与分享

汇报中，每位同学做好记录，并进行录像，以便提问、互动与反思。

4. 点评与指导

教师对小组的教学设计进行点评，适时地提升理论，把握教学的整体进程。

5. 总结与反思

课后各小组根据汇报的情况，及时总结和反思，进一步改进与完善案例教学。

六、要点汇总

核心素养是时代所需，是推进我国基础教育新样态的政策与实践诉求，更是育人机制创新的中国话语表达。从江老师的教学探索可以看出，要在实践中实现培养学生核心素养的目标需要聚焦真行动，需要破解日常、机制、评价、主体、生态等瓶颈和难题。因此,如何破解"培养核心素养"这个难题,如何结合PBL 模式教学进行突破等都需要进一步探讨。

(一)PBL 模式

PBL 是 Problem—Based Learning 的首字母缩写,翻译成中文就是"基于问题的学习",或是"基于问题式学习",是近年来受到广泛关注的一种教学模式,与核心素养中提出学习者应具备在特定情境中综合运用知识、技能和态度解决问题的关键能力和必备品格不谋而合。PBL 模式是把教学置于复杂的、有意义的问题情境中,通过让学生以个人或小组合作的形式解决复杂的、实际的或真实的问题,来学习隐含在问题背后的知识,发展解决问题能力的一种教学模式。

在教学过程中,学生要理解 PBL 模式和核心素养的联系,掌握 PBL 模式的基本内涵。

(二)运用"PBL 模式"的困难

PBL 模式是能体现学生核心素养中的解决问题能力的教学方式,但容易走向重技能、轻知识的另一个极端,所以在重视教学形式的同时也要重视教学内容的传授。

因此,在教学中要结合案例,引导学生理解 PBL 模式的困难和破解之策。

(三)运用"PBL 模式"的学科路径

江老师基于学习和探索,运用 PBL 模式解读《飞向蓝天的恐龙》,寻找学生起点,制订教学目标,开展教学设计并进行实践,探索了小学语文教学中培养学生解决问题的核心素养的实践。

在教学中,结合江老师的探索历程,引导学生认识到培养学生核心素养的价值,教师应将培养学生核心素养的理念贯穿在教学设计、教学过程、教学评价和教学反思等方面,运用 PBL 模式重构教学。

第四章

基于单元整合的小学语文诗歌教学探索与案例教学指导

第一节　背景信息

《义务教育语文课程标准(2022年版)》总目标指出:"教师应创造性地理解和使用教材,积极开发课程资源。"主题单元教学更强调课程资源的整合与生成,联系学生的经验世界和现实生活,做到整合备课、整合设计安排教学,发挥教材整合的教学效果,实施灵活而开放的教学。"整合"是将系统中的相关要素进行整理、组合、协调,在整合优化的基础上产生重组效应,从而使系统发挥出更多的功能。单元整合教学就是围绕单元主题和训练目标,精心设计并重整组合,使学习内容与训练内容、阅读理解与语言积累、口语表达、习作形成一个有机的教学整合。

诗歌是中华传统文化的绚烂瑰宝,也是语文教学的重要组成部分,但在现实的语文教学中却处于比较尴尬的地位。大部分教师针对古诗词的教学模式都跟课文教学无异,即便几首诗歌在同一单元中也不会进行单元的整合教学,而是一首一首地进行讲解,而忽略了诗与诗之间的联系,无法培养学生迁移与运用知识的能力。学生在学习诗歌的过程中往往是囫囵吞枣,即使后面遇到同种类型的诗词依然采取同样的学习方法:多读几遍然后"背诵"。这样的学习过程与新课程标准的理念是背道而驰的。解决单篇古诗词教学中的问题不可一蹴而就,但在调研中我们发现夏老师在语文教学中面对诗歌单元教学做了一些积极尝试,从教师层面来看,夏老师将单元整合教学的模式运用到诗歌教学中,能够相对平衡诗歌"教"与"不教"的困境,既要"教",又能"教得有效率"。

夏老师在教研活动中示范了部编版六年级上册第一单元第三课《古诗词三首》和第六单元第十七课的诗歌整合教学。夏老师的尝试不仅激发起了老师们对古诗教学的研究意识,也促使该小学的语文教学在新课程标准下不断优化和改进,为新课程改革提供了极具实践意义和理论意义的案例研究素材。

第二节　案例正文

在语文教育新课程标准出台以后,夏老师一直在思考究竟如何带领学生通过诗歌的学习,让学生更加"全面地感悟诗歌带来的丰富而美好的艺术体验"。在与教研组第一次会议后就触发他思考小学语文教学应该如何针对诗歌改进单篇教学的问题。那到底是什么触发他思考这个问题的呢?其思考结果又是什么?

一、"现实"的痛击

(一)"传统"与"创新"

夏老师关于古诗的单元融合教学的想法源自一次对小学诗歌教学现状的讨论,他发现在教学实际中,各年级语文老师依旧将单篇教学法运用于诗歌教学,而学生在此种教学模式下对诗歌的理解并不深刻,囫囵吞枣地"背完一篇算一篇",固然节约时间,却忽视了课程标准中针对"传统文化的体验及文化与情感感悟"的问题,也忽略了"品味语言发现美感"的要求。

在一次教育研讨会上,大家针对新课程标准纷纷提出了自己的看法。其中针对"增加学生的中国传统文化认同感",何老师表示:"我在中学时期学习文言文的时候,能切切实实体会到传统文化的博大精深,同一个字放到不同的语境中词义会不同,有的字在一句话里是实词,在另一句话里又变成了虚词;在小学学习古诗词的时候最能体会到语文所谓的意境美,但小学的时候总觉得接受诗情画意的熏陶是一件非常享受但又不那么享受的事儿……"大家纷纷追问何老师:"什么叫享受又不享受呢?"

何老师笑着说:"学古诗,跟古人对话,的确富有趣味,但背诵起来就难了。那么多首诗歌需要背诵,尤其是这首诗表达诗人的思乡之情,那首诗又表达诗人怀才不遇的悲凉,下一首又触景生情了……有些诗歌表达的是同一种情感但没放在一起学,学到后面就记混了,当然就不那么享受了。"听到最后,大家都笑起来了。

夏老师说:"大家从前学古诗的时候跟现在的孩子如出一辙;学习古诗的时候个个都兴高采烈,学完之后又"不愿求甚解"了,归根结底还是课堂上没有学'透',才导致后期需要背诵的时候个个都愁眉苦脸!部分学生尤其不喜欢古诗,一看到古诗就一片哀号:'又要背书啦!'这完全与新课标的理念适得其反,现在的部编版语文教材编写理念发生了许多变化,也更注重学生的主体地位,我们在教学的时候也要发挥语文独特的人文精神,不要忽视学生的文本体验及情感感悟的问题才行啊。"

(二)"黎明"与"黑暗"

教育研讨会之后,夏老师不禁紧锁眉头开始琢磨起来。过了一段时间后,夏老师豁然开朗,他发现在教研会上何老师一次不经意的回忆,让他从一板一眼的教学转向了别出心裁的思考。以往他只会思考"教什么""用什么教"的问题,教学辅导教材往往也是以"怎么教"作为出发点,他自己很少会思考"为什么"这样教的问题。夏老师说:在传统的教学实践中,教师把丰富复杂的课堂教学过程简括为特殊的认识活动,却忽视了作为独立个体、处于不同状态的教师与学生。"教学",往往是老师怎么教学生就怎么学,很少会想到为什么这么教,教师传授知识然后为学生答疑解惑,一堂课如果失去了教师,那么学生就无法学习新知识。这样的教育方式真的适合学生吗?就像是有一块肉,学生看到肉的时候还来不及思考应该怎么吃,教师就一片片把肉割下来放到了每个同学的碗里。这样的教学模式下,学生还能有独立的思考吗?老师存在的意义又是什么呢?

在思考过程中,夏老师从"黑夜"逐渐见到了"黎明"。他想起叶澜教授说过:"要想从传统的课堂中跳出来,必须重新全面地认识课堂教学,构建新的课堂教学观。"夏老师认为,要在新的课堂教学中给予学生独立思考的机会,得让学生自己去发现问题并尝试解决问题,在此过程中锻炼他们的思维能力和学习鉴赏美的能力。但是要怎么"跳"出传统的课堂教学观呢?这又成为困扰夏老师的一大难题。

(三)"单篇"与"整合"

夏老师思考如何转变诗歌的教学模式之后又产生了新的疑惑。如果更新了诗歌的教学模式,是不是就能培养学生对诗歌的鉴赏能力呢?是不是意味着能培养学生独立思考与鉴赏能力呢?独立的思维模式和语言的鉴赏能力对六年级学生来说是一种不可或缺的语文学科能力。夏老师指出,六年级学生面临即将到来的升学考试,时间紧、任务重,教师的教学任务也十分繁重,不仅要完成六年级上下册的授课,还要承担整个小学阶段的复习任务,如果仍然按照以往的单篇教学模式进行诗歌的授课,不仅教学效率低,学生也会逐渐失去学习兴趣,一味地灌输知识却不让学生消化、吸收、理解,则无法提高学生的诗歌鉴赏能力,而且提及诗歌,学生们的反应就是"背一背就过关",大部分毕业班老师也将教学重点放在了精读课文和写作等考试分数占比更大的项目上。如此,提高六年级语文教学效率,缓解当前诗歌教学的窘境,选择一种合适的诗歌教学模式成了首要任务。

《关于全面深化课程改革 落实立德树人根本任务的意见》提出,教学要"增强整合性,相关学科的纵向有效衔接和横向协调配合"。新课程标准更要求教师要树立单元全局观,将教学着眼于整组教材。因此,在新课改背景下,进行单元整合教学是学科教育落实立德树人、发展素质教育、深化课程改革的必然要求,是核心素养落地的关键路径。语文单元整合教学模式将各单元当作一个整体,灵活运用各种教学资源,关注单元中的各个要素,依据语文课程标准,整合规划教学目标,将单元放在整套语文教材中,综合运用多种教学方法,完成该单元在整个语文教学阶段所承担的教学任务,帮助学生整合并把握语文知识,促进学生语文能力的养成。因此,夏老师选择单元整合教学模式作为新的教学模式,在"单元整合教学"相关理论的指导下,结合小学诗歌单元的教学情况设计诗歌单元整合教学的具体思路及案例,旨在论证小学诗歌单元整合教学的可行性和可操作性。

二、亟待解决的难题

对于在诗歌教学中应用新的教学模式,一开始,夏老师心里七上八下的,比如,为什么整合?怎么整合?整合的具体方法是什么?靠什么来整合?这些是在新的教学模式下亟待解决的难题。为了取得好的结果,夏老师将目光聚焦在部编版小学语文六年级上册,夏老师决定以六年级上册为例对诗歌进行单元整合教学模式的探索。

（一）为什么需要整合教学

在教研室中,各年级语文教师齐聚一堂,共同讨论将诗歌进行单元整合教学的具体策略。因为单元整合的教学策略是把多篇课文整合到一起进行教学,有多种策略可以选择使用,跟单篇课文的教学策略有诸多不同。

陈老师率先说道:"单元整合教学绝对不是将所有知识杂糅到一起进行授课,而是实现从碎片化的知识走向结构性的延伸最后实现质的飞跃。整合教学能够让学生拓展思维,发展真实性学力,最终提升学生的语文核心素养。"黄老师也赞成陈老师对单元整合教学模式的思考,他认为单篇教学模式的课堂僵硬又死板,难以激发学生学习的热情,也难以调动学生学习的积极性,而单元整合教学模式跳出了以课堂为循环的圈套,教师将不再是教学的主导者,而是作为引导者指引学生参与到课堂中来,单元整合教学模式打破了传统的思维局限,能从更广阔的角度开发和利用教学资源。

然而何老师却认为单元整合教学与实际教学之间存在一条巨大的鸿沟,用何老师的原话来阐释:"其实传统的单篇教学早已在语文老师的脑海中根深蒂固,单篇教学仍然在当前教学模式中占主体地位。"老师们持续讨论了一个小时,也给夏老师带来了新的观点,夏老师认为,单篇教学在实际课堂中应用得更为广泛,不过我们也不得不承认它有一些缺点:单篇教学模式以教师为中心,忽视了学生的主体感受和学习体验;将教材内容作为语文教学的主要内容,失去了语文拓展的意义,同时也无法满足学生当前对课外优秀作品的需求。如何将单元整合教学策略应用在实际教学中,是老师们需要解决的难题。

（二）整合的具体策略

1. 以单元主题为中心进行整合

在讨论到怎么对同一单元的文章进行整合时,夏老师说,目前各版本的教材都是按单元主题进行编排的,这种编排方式非常适合单元整合教学的需要。夏老师运用这种方法将一个单元的几篇文章进行整合,根据教学主题的需要对内容进行分类整理,然后再实施教学。例如,在讲授部编版小学语文六年级上册第一单元时,可以将教学主题确定为单元导语"习作时发挥想象,将重点部分写得详细一些"。可以让学生在充分预习课文的基础上,先引导他们交流对《宿建德江《六月二十七日望湖楼醉书》和《西江月夜行黄沙道中》三篇古诗中的关键诗句的理解,然后引导他们自主领悟"习作时发挥想象"的方法,最后带领他们进行诗句赏析。这样教学,缩短了单元教学时间,避免了对单篇古诗烦琐的分析,真正让学生学有所悟、学有所得。

2. 根据内容进行整合

夏老师的单元主题整合法深得大家的认可,程老师也积极地提出了自己的看法,他认为既然是单元整合教学,不应该只局限于某一个单元,如果只将某一个单元的课文来进行整合教学,也许还没有发挥课堂的最大效率。他认为还能按照教学主题的需要对整册教材的教学内容进行重新整合,不过这也建立在教师对教材完全掌握的基础上,需要教师通读整册教材,对每篇课文的内容、思想、表达方式等了然于心,并且找到文章之间的连接点,这对教师的要求比较高。

例如,六年级上册教材中有多首与"自然风光"有关的古诗。为帮助学生了解古诗中"自然风光"的意象知识,教师可以把第一单元的《六月二十七日望湖楼醉书》和第六单元的《江南春》进行整合,并以"诗人眼中的自然风光"为主题进行教学。教师还可以根据需要补充一些关于自然的诗词,如《江雪》《绝句》《咏柳》《题西林壁》等。这样整合后,既有利于学生整合感知、理解诗句内容,又可以帮助学生在对比中领悟古诗不同的表现形式,更主要的是能帮助学生体会古诗的意境、情感,初步领悟诗人眼里的自然风光。"内容"整合在单元整合教学中占有重要的地位。因此,教学要收到实效,必须解决好"教什么"和"用什么教"这两个问题,而"内容整合"正是在"教什么"已经明确的前提下,确定"用什么教"的问题。

3. 单元整合的可行性

在讨论之后,夏老师意识到单元整合教学相较于以往的教学模式加强了"整合性"。虽然之前的单元整合教学也将单元当作一个整体,突出了课文知识的内在联系,但此次探索的单元整合教学更加强调整本教材的整合,注重不同单元之间的联系,具有较为明确的整合教学目标,将小学六年级上册的诗歌教学看作一个整体来将教学目标、教学内容、教学方法、教学评价进行整合,将知识学习和能力培养进行整合,将学习过程和学生发展的整体目标进行整合。最后夏老师经过反复思考,以诗歌所表达的内容为主线将风格各异的诗歌进行串联。

夏老师认为,小学诗歌单元教学在教学内容的整合上需要采用"明确目标—确定整合点—选取例文—以一带多"的策略,以一篇或两篇例文带动多篇诗歌的学习。同时兼顾诗歌的特点,按照"把握情感基调—分析诗歌意象—感受诗歌意境—理解诗人情感"(见图 4-1)进行整合,因此夏老师总结了以作者寄托的思想感情为主线的"教学三步法"。例如,在程老师之前提到的第一单元《六月二十七日望湖楼醉书》以及第六单元的《江南春》这两首古诗中,作者都寄托了对美好自然风光的喜爱之情。夏老师从诗人对"自然风光的喜爱之情"这一角度,建构出两首古诗教学设计的理念和框架。

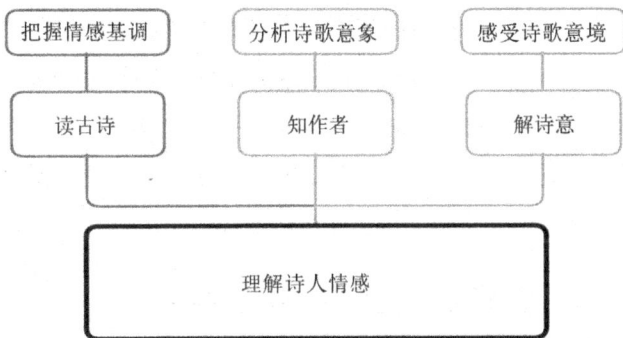

图 4-1　古诗教学设计理念和框架

(1)读古诗:把握情感基调。夏老师认为,在单元整合教学中需要重视培养小学生听说读写的能力,六年级上册诗歌单元教学主要以把握诗歌的情感基调,从而理解诗人的思想情感作为教学目标。因此,选取"理解诗人的思想情感"作为这一单元整体教学的整合点,整体设计教学内容,以《六月二十七日望湖楼醉书》和《江南春》为例,带动整本教材的诗歌教学。通过初略读、再细读、最后详读古诗来把握诗歌所营造的壮丽的意境,从而理解诗人对祖国大好河山的热爱之情以及对江南自然风光的喜爱之情。

(2)知作者:分析诗歌意象。夏老师认为,要感受一首诗歌的意象首先需要了解诗歌创作的背景,这就离不开分析作者的时代背景和作者的遭遇。在学习诗歌的过程中,一方面是学生对诗句的赏析,另一方面是与古人对话。在学习这两首古诗时,需要了解诗人的创作背景、分析诗歌的意象,还要知道作者是通过什么描写使读者了解到他当时的心境,以及我们作为 21 世纪的人如何跨越时间的长河与当时的诗人产生情感上的共鸣。夏老师认为解决这几个问题有以下途径:①分析这两首诗歌作者的时代背景和创作缘由;②品味诗歌语言,与诗人产生共鸣;③找到两首诗的诗眼,围绕诗眼感悟诗人情感。

(3)解诗意:感受诗歌意境。夏老师认为,在学生们详读古诗了解作者后,还需要针对古诗逐字逐句进行深度的挖掘。引导学生对比阅读这两首古诗,通过学习相同意象对不同情感的表现,了解意象和情感的关系,最后感受诗歌的意境,理解诗人的情感。为此,夏老师设计了部分表格,在通读诗歌的基础上把握诗歌的主要内容,通过阅读诗歌,品味诗歌的意象和意境,理解诗人的思想情感,丰富阅读体验和情感认知。同时,要品读诗歌语言,欣赏诗歌语言所运用的一些修辞手法或表现手法。夏老师认为,在诗歌学习过程中也可以通过实践活动加深学生对诗歌的印象,在活动中落实语文核心素养,为此夏老师设计了"朗读、绘画和速写"三种具体的实践活动培养学生的语感和诗词鉴赏能力。提高学生对诗歌这一文体的阅读能力有三条途径:①通过反复诵读,把握诗人在诗词中的感情基调。②通过诗句的意境美穿过岁月长流与古人对话。③将自己的所思所想所见所闻一一记录下来并能够阐述出来。

三、实践——古诗单元整合教学的路径

夏老师在确立了"读古诗—知作者—解诗意—理解诗人情感"这一教学框架之后,开始对《六月二十七日望湖楼醉书》和《江南春》进行了第一课时的教学设计。

(一)读古诗,忆江南

夏老师认为,小学六年级学生对语文诗歌的学习兴趣较高,在教学中要充分利用学生已有的知识经验,提高学生学习新知识的兴趣。夏老师在仔细分析教材和学情之后,精心设计了导入环节。

片段一:

师:同学们,上课之前老师想要跟同学们一起玩一个小游戏,来考考大家的反应力,我说前一句,同学们说后一句,大家准备好了吗?

生:(齐声)准备好了!

师:螳螂捕蝉( )君子一言( )上有天堂( )江南好( )。

同学们看看,从古至今,江南一直是文人墨客笔下的宠儿,咱们班的同学有去过江南游玩的吗?

生:(有人说"有",有人说"没有")。

师：看来咱们班有的孩子已经早早领略过了江南的美景，还没去过的孩子也不要着急，老师马上就带领大家一起再次云游江南！其实，在四年级的时候我们从白居易的《忆江南》里已经领略过江南之美了，这次我们要从另外两位诗人的笔下再次体会江南之美，大家愿意陪老师一起去一趟江南吗？

生：愿意。

师：好，那请同学们看《六月二十七日望湖楼醉书》和《江南春》这两首诗歌，今天咱们就一起回到古代读一读苏轼和杜牧笔下的江南，看看它们跟白居易笔下的江南有什么不同。

（二）知作者，念江南

夏老师认为诗歌的教学过程不能缺少诗人背景的介绍，需要在学习过程中结合诗人的心境来分析诗歌的意象，感受诗歌所营造的具体意象，进而理解诗人对江南风光的热爱之情。在教学过程中关键是要对比分析"莺啼""绿映红""翻墨""白雨"四个意象的特点，借助修饰词，理解不同时期诗人思乡爱国的情感。

基于这种想法，夏老师在讲古诗之前给学生布置了一个任务，让学生整体感知诗歌的意象。

片段二：

师：前面大家初读了《六月二十七日望湖楼醉书》和《江南春》，这两首诗词都是诗人描绘江南风光的，大家以小组为单位，对照课本下的注释填写表4-1。

表4-1　合作学习任务单

诗名	意象				景物	季节	情感
六月二十七日望湖楼醉书	翻墨	白雨	跳珠	卷地风			
江南春	莺啼	绿映红	水村	山郭			

夏老师给每个小组提供了任务单，让学生以小组为单位合作完成。同学们四人为一小组，以小组为单位讨论，完成任务单。讨论时，夏老师边巡视边鼓励学生，还不时参与到学生的讨论中。持续了3分钟后，夏老师看到同学们的任务单完成得差不多了，就让一个小组汇报（见图4-2）。

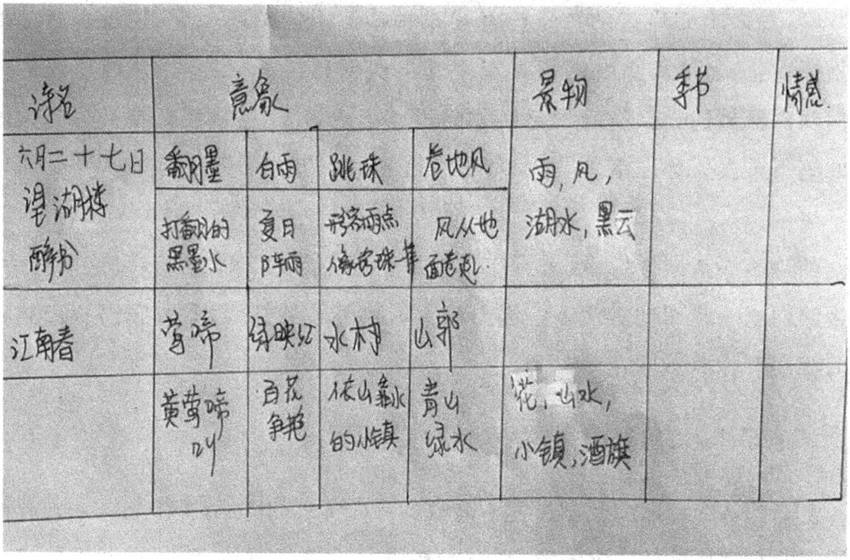

图 4-2　学生合作学习成果图

(三)解诗意,会江南

夏老师认为,学生在对比中赏析诗歌,脱离不了理解诗句意思,学生要逐字逐句进行鉴赏,从虚与实、观察的顺序来学习两首诗歌,学习方法就是让学生在反复阅读中领会诗意并调动已有的语文知识进行深入思考。为此,夏老师设计了第二个自主学习任务,发放了学习任务单(见表 4-2)。

表 4-2　学生自主学习任务单

诗歌	动词及其含义				表现手法
六月二十七日望湖楼醉书	未	跳	乱	忽	
江南春	寻	落	映	眠	

片段三:

师:同学们,刚才老师给大家发了任务单,大家先快速浏览任务单,再读古诗并尝试完成任务单,好吗?

生:(异口同声)好。

片段四:

师:同学们,刚刚大家已经分小组合作,也独立完成了语文任务单,想必大家已经对这两首古诗比较熟悉了,咱们一起再来整齐地读一遍这两首诗歌。

生:齐读完毕

师:大家读得非常整齐,声音也十分洪亮,但是大家真的读懂了吗? 没关系,接下来老师就带大家一句一句来细细品味诗歌。首先我们来看《六月二十七日望湖楼醉书》的第一句:黑云翻墨未遮山,白雨跳珠乱入船。刚刚大家根据诗歌下面的注释已经了解了翻墨和白雨的含义,同学们可以想象一下,什么情况下天空中连云朵都是黑色的呀?

生:晚上或者下雨之前天空是阴沉沉的。

师:同学们真是有一双善于观察的眼睛啊,不过大家仔细读一读这一句诗,如果是晚上的云朵会有"白雨"出现吗?

生:不会。

师:所以,诗人苏轼现在是白天在望湖楼,此时天气怎么样?

生:快要下大雨了。

师:诶? 同学们怎么发现是快要下大雨了呢?

生:"跳珠",是形容雨下得太大就像白珠碎石一样飞溅到船里了。

师:看来同学们已经掌握了这句诗的真正含义了,老师想要跟同学们一起翻译一下这句诗:乌云上涌,就如墨汁泼下,却又在天边露出一段山峦,明丽清新,大雨激起的水花如白珠碎石,飞溅入船。同学们理解的跟老师一样吗?

生:是。

师:好的,接下来我们看第二句:卷地风来忽吹散,望湖楼下水如天。这一句里诗人向我们描绘了什么景物呢?

生:风,湖水,天空。

师:同学们找得真准确,老师有些疑问:什么样的风把地都能给吹得卷起来啊? 世界上真的有这样的风吗? 真的有水就像天空一样澄澈分明吗?

生:不会,诗人运用了夸张的修辞手法,形容风很大,湖水很清澈。

师:那么同学们看看前一句,诗人也是运用了夸张的手法描述景象吗?

生:前一句运用了比喻的修辞手法:用"翻墨"写出云像墨一样黑,用"跳珠"将大雨比作白色的珠子。描绘雨的特点,说明是骤雨而不是久雨。"翻墨"与"跳珠"的比喻新颖而生动,绘色绘声绘形,极为传神。

师:诗人用"翻墨"来形容云的气势;用"跳珠"形容雨下得非常大。那老师又有疑问了：诗人在看到这幅景象的时候是什么季节呢？

生：夏天。

师：同学们是怎么知道的呢？

生：因为只有夏天的雨下得非常大且气势凶猛，但是很快就会停止。

师：同学们可真善于观察呀，说到这里，之前我们也学过一首关于雨的古诗，是杜甫写的，同学们还记得吗？

生：《春雨》。

师：同学们真棒，现在跟老师想象一下，诗人此时此刻看到这么大的雨，会有什么样的想法呢？他会选择避雨吗？

生：不会。

师：为什么呢？

生：因为诗人坐在船上，而且他还观察到湖水碧波如镜，说明他此时此刻心情很好。

师：说明他不但不讨厌这场大雨，反而怎么样？

生：非常喜欢这场雨。

师：我们常常说一切景语皆情语，说明诗人对杭州的感情怎么样？

生：非常喜欢。

师：不错，诗人正是借这场夏季的雨告诉我们他有多喜欢杭州，这首诗表达了诗人对大自然的无比热爱。

师：咱们在理解了诗意以后再把这首诗读一遍好吗？

生：好（齐声朗读）。

夏老师从诗歌描写的意象入手，引导学生自己探索诗意，在指引学生掌握新知识点的过程中也顺带回忆了之前学习过的古诗。夏老师根据任务单，动员学生调动感官分析诗意体会诗人的情感。

片段五：

师：刚刚我们跟随苏轼的脚步一起云游了夏天的杭州，大家还想不想继续去下一个景点呢？

生：想。

师：老师也想，现在请同学们跟老师一起走进杜牧的世界，咱们一起去看看杜牧要带我们去哪里。请同学们迅速回顾《江南春》，待会儿老师要和大家一起欣赏杜牧眼中的江南之美。

生：（开始默读）

师：咱们先来欣赏第一句：千里莺啼绿映红，水村山郭酒旗风。大家结合注释想象一下，这是一幅怎样的场景？

生：有非常多的花，还有莺歌燕舞，村庄外还有飘动的酒旗。

师：看来同学们是真的跟随杜牧一起来到了美丽的江南啊，老师也想试着翻译一下：千里江南，到处是莺歌燕舞，有相互映衬的绿树红花。同学们接着看看下一句的译文。

生：水村是邻水的村庄，山郭是靠着山的城郭。

师：同学们试着把你们看到和听到的告诉大家。

生：酒旗迎风飘扬，到处是草长莺飞的场面，村庄依山傍水。

师：看到这个巨幅江南画卷展现在你的眼前，你体会到了诗人怎样的心情呢？

生：热爱祖国的大好河山，热爱江南之景。

师：原来同学们跟大诗人杜牧一样热爱祖国的美景呀，咱们接着来学习诗歌的三四句：南朝四百八十寺，多少楼台烟雨中。同学们反复吟诵这两句，你看到了哪些景物呢？

生：寺、楼台、烟雨。

师：同学们能不能试着用自己的语言描述这两句诗的意思？

生：（放眼望去，南朝留下的四百八十寺，又有多少楼台掩映在苍茫的烟雨中呢？）

师：诗人前两句写的是眼前的江南春景，后两句就与古代历史联系起来了，我们可以简单地用两个词来概括——写今、怀古。那么诗人为什么要怀古呢？这就需要联系诗人生活的朝代背景来了解了。

晚唐时期，统治者迷信佛教寺宇奢丽。南朝统治者因迷信佛教，广建佛寺，祈求神灵保佑江山稳固。结果这些林立的寺庙不仅没有改变他们必然灭亡的命运，还加速了统治者的灭亡，三百多年过去了，作者重提此事，仅仅是在讽刺南朝统治者吗？言外之意，诗人也在警告当朝的统治者不要重蹈覆辙，否则必将加速灭亡，这样的写作手法叫作借古讽今。

（四）综合实践，回江南

夏老师认为，学生学习了两首表达热爱江南自然风光的古诗后已经理解了

63

作者的写作手法,也体会到了诗人通过诗句表达出来的情感,因此设计"绘画"的活动要求学生把自己在学习诗歌的过程中所看到、想到、闻到和听到的全部用画笔记录下来,这才算是真正读懂理解了诗歌(见图4-3)。

图 4-3　学生的绘画作品

四、反思——古代诗歌单元整合教学的成效

夏老师认为,在教学目标达成方面:

本节课中,学生回顾了本单元诗歌需要借助哪些意象抒发怎样的情感,并思考古诗的立意,理解诗人想表达的情感并寻找具体的意象。学生能有感情地朗读诗歌,能品味古代诗歌的语言特点,能在诗歌学习中注意古诗语言的简洁性和凝练性。学生能划出本单元诗歌的节奏和韵脚,注意诗歌结构,确定诗行、诗节与标点符号,并且根据节奏有感情地朗读诗歌,欣赏古典传统文化;通过反复诵读,把握诗歌的感情基调;通过分析诗歌的意象,感受诗歌的意境,从而理解诗人的思想情感并积累优美词句。

夏老师认为,在单元整合教学过程中,首先需要注重各个教学环节之间的联系。其次要加强不同单元教学的整合性,将古代诗歌单元串联起来。案例中的单元整合教学将小学六年级的诗歌教学看作一个集体,注意到小学语文教学和诗歌单元教学之间的整合性关联。最后应加强诗歌单元教学作为语文教学的整合性。本文中的单元整合教学将教学目标、教学内容、教学方法、教学评价进行整合,将知识学习和能力培养进行整合,将学习过程和学生发展的整体目标进行整合,促进学生发展其想象思维,强调学生的自主参与、自我感悟和课堂交流。

五、结语

夏老师认为,诗歌单元整合教学作为一种教学模式,跳出了传统语文单篇教学的固定思维,有利于促进语文课堂效率的提高,有利于培养学生整体把握语文的能力,也是对小学语文诗歌教学的一次积极探索。

夏老师从单元教学出发,为传统六年级语文诗歌单篇教学提供了一种值得尝试的教学模式借鉴。在实践部分,夏老师呈现了《六月二十七日望湖楼醉书》和《江南春》这两首古诗的第一课时的教学,在教学过程中,夏老师不断反思其教学效果,在探索过程中夏老师发现,诗歌单元整合教学对教师的自身素质提出了更高要求,不但要求兼顾对诗歌语言细节的品味,在推动落实整体教学目标的同时,还需要兼顾对学生个体性差异的关注。单元整合教学模式的确能让学生更高效地整体掌握新知识,但是万事都有利弊,单元整合教学也不例外,把几篇诗歌整合到一起教学,会无形中破坏单篇古诗教学的完整性,弱化对单篇课文的情感把握。但夏老师意识到这个问题可以通过朗读法来补救。在教学时,教师可以引导学生分版块去理解诗歌,引导学生进行朗读。这样既能培养学生的语感,又能加深他们对作品内容的理解。

目前,夏老师及其教研室老师们都体验了这种新的教学模式,学生的学习动力足,老师们需要结合教学条件在内容上求丰富,在操作上求变化,在细节上求创新。虽然现在小学语文单元整合教学的相关研究还不够完善,"路虽远,行则将至",相信在语文教育工作者的共同努力下,小学语文单元整合教学定能发挥其价值,为基础教育改革提供强有力的支撑。

第三节　教学指导书

一、教学目标

通过对《基于单元整合的小学语文诗歌教学探索》的讲解和分析,能了解到一线小学语文教师探索单元整合模式下针对诗歌教学实践方面的经验与策略;在2022年新课程标准的指导下,在案例的启发下,尝试探索"单元整合"模式下的小学语文诗歌教学路径。

（一）适用课程

本案例主要适用于《小学语文教材分析与教学设计》之教材解读和教学设计；同时适用于《小学语文课程与教学论》《课程与教学论》课程的教学设计和前沿问题讲解。

（二）教学对象

本案例主要为小学教育专业硕士教学开发。

（三）具体教学目标

· 理解"单元整合"的内涵、路径和困难。

· 了解"单元整合"在小学语文教学中的作用，获得基于单元整合的语文教学实践方面的经验与策略。

二、启发思考题

· 阅读本案例，你如何看待夏老师进行教学改革尝试？

· 夏老师是如何激发学生自主探索诗歌所表达的感情的？

· 夏老师是如何进行《江南春》和《六月二十七日望湖楼醉书》第一课时的教学设计的？如果你来设计这部分内容，你会遵循怎样的设计思路？

· 夏老师以《江南春》和《六月二十七日望湖楼醉书》为例的教学实践给你带来了哪些启示？

· 简述你对"单元整合教学模式"的理解和认识。

三、分析思路

本案例分析的核心是基于夏老师的主动探索行为来理解教师进行"单元整合"教学改革的过程。主要围绕"为什么要整合""如何实现整合""用什么来整合"的明线与"为什么学""学什么""如何学"的暗线展开。

四、案例分析

新课标指出，教学要"依据学生发展核心素养体系，明确各学段、各学科具体的育人目标和任务""要增强整体性,强化各学段、相关学科的纵向有效衔接和横向协调配合"。基于新课改的素养导向,教学要由单篇教学向整体性教学转变。小学语文单元整合教学依据语文课程是"语言文字运用的综合性、实践性课程"这一特点。教师要树立单元全局观,着眼于整组教材。整个教学过程要始终以学生为本,遵循学生"先学后教,以学定教,顺学而教,反复习得"的学习规律,单元整合教学并不是浅显地识记学习,而是实现知识从碎片化走向结构化再到个性化飞跃的学习。

(一)案例回顾

夏老师作为一名青年教师,虽已接受了学校安排的线上线下各种培训,也深知统编版小学语文教材"落实立德树人、发展素质教育、深化课程改革"的必然要求,但在没有经过系统地调研之前,还是按照自己的"经验"教学,尚未考虑当前相关政策、要求,用以不变应万变的态度应对各种改革要求。

正是因为一次教研会的讨论,他发现在教学实际情况中,各年级语文老师依旧将单篇教学法运用于诗歌教学,而学生在此种教学模式下对诗歌的理解往往并不深刻,囫囵吞枣地"背完一篇算一篇",这固然节约时间,却忽视了课程标准中针对"传统文化的体验及文化与情感感悟"的问题,也忽略了"品味语言发现美感"的要求。夏老师开始将所学经验和小学语文教学结合起来,思考小学语文教学更深层次的问题,并将小学语文教学与"单元整合"结合起来,打破固有模式化教学,重新组装。他找到了三条途径:①以单元主题为中心进行整合;②以诗歌所表达的内容为主线将风格各异的诗歌进行串联;③通过语言文字、绘画、交际等方式把所感所得表达出来。基于朗读、感知和实践教学框架,设计了《江南春》和《六月二十七日望湖楼醉书》一课的教学。从此,夏老师走上了单元整合教学的探索之路。

(二)理论基础:"单元整合"

单元整合教学就是围绕单元主题和训练目标,精心设计并重整组合,使部编版教材中的内容形成一个有机的教学整体。这个整体并不是以主题为纽带将各部分内容简单地串联和相加,而是对其进行有机的整合。单元整合教学模式打破了传统的单篇教学模式忽视单元中课文与课文之间的联系,无法培养学生知识迁移与运用的能力的弊端,但单元整合模式在实际教学中实行却较为困难,因为教师们的头脑中往往有根深蒂固的教学模式。孟亦萍基于课程标准的教学要求构建了包括提炼大单元主题;调整大单元教学内容;创设真实生活情境,聚焦整体性场景;整合学习任务,指向表现性发展;贯彻全过程测评,旨归"核心素养"的单元整体教学策略,为单元整合的教学模式提供了新策略。

(三)"单元整合"理论的分析

《义务教育语文课程标准(2022年版)》明确提出"语文教学要系统安排教学活动,考虑整体性,注重横向纵向的联系,提高学生的语文素养"。新课程改革也对教学提出了更高、更深层次的要求,要求教师确立全新的教育理念,树立起与新课程改革相符合的教学观念,从而对教学的方方面面进行革命性的变革。

霍懋征老师认为,"单元教学需要合理地组织课文,要根据需要,把有联系的、有相同点的文章放在一起,成为一个新的教学单元",她认为单元整合教学要在教科书单元的基础上进行课程资源的开发,根据教学的需要相应地增加或删除教科书中的内容,在原来教科书单元的基础上重新建构一个单元。本案例分析也将借助霍懋征等学者提出的建议对夏老师的教学探索进行分析。

1.单元整合

"单元整合"在单元整体教学中占有重要的地位,因为教学要收到实效,必须解决好"教什么"和"用什么教"两个问题,而"内容整合"正是在"教什么"已经明确的前提下,确定"用什么教"的问题。

2.整合单元课文

现有各版本教材都是按单元主题进行编排的,这种编排方式很适合单元整体教学的需要。运用这种方式进行整合的基本做法是,教师将一个单元的几篇文章看成一个整体,根据教学主题的需要对内容进行归并、整理,然后再实施教学。

3.整合全册教材

按照教学主题的需要对整册教材的教学内容进行重新整合,需要教师通读整册教材,对每篇课文的内容、思想、表达方式等了然于心,并且找到文章之间的连接点。这对教师的要求比较高,一般要到实验中期或后期才能使用。

4.整合重点段落

认识自然段、了解特殊的构段方式及其表达效果是中年级阅读教学的重点之一。为了强化这一教学内容,教师可以有目的地把教材中构段方式相同的段落整合在一起进行教学。

(四)夏老师教学探索的分析

1.方法领悟式

夏老师虽然对《基础教育课程改革纲要》进行了学习,但似乎很少思考如何落实这些文件精神。自从某次受到教研会成员的启发后,大家致力于探索小学语文单元整合教学模式,他以"把握情感基调—分析诗歌意象—感受诗歌意境—理解诗人情感"为主线从诗情角度整合单元课文和教学设计,引导学生通过比较法发现异同。

2.学生学习效果为旨归

夏老师把朗读能力的培养作为主要教学目标,让学生扎扎实实地经历一个由读通到读懂再到读好的过程,以达到以读悟文、以读悟情、以读入境、以读传情的目的。学生能集中、系统、直观地体会到不同的诗歌在表达同一种情感时的展现;学生在学习《江南春》和《六月二十七日望湖楼醉书》两首古诗后的收获,是学生学习效果的综合性体现。

3.积极反馈

经过学习后,学生完成作业的积极性提高了,尤其是家长的积极反馈,使夏老师觉得这次尝试找到了家长和教师的契合点,感受到了"价值相似""利益相关",在某种程度上形成了教育合力。

五、课堂设计

(一)时间安排

大学标准课4节、共180分钟:布置和预习1节,上课讨论1节,课堂实践1节,反思总结1节。

(二)环节安排

提前一周利用1节课的时间预习《江南春》和《六月二十七日望湖楼醉书》两首古诗,并结合问题解决学习进行教学设计→小组讨论任务方案→课堂分享与报告→教师点评→学生实践→教师评价。

(三)人数要求

40人以下的班级教学。

(四)教学方法

以讨论为主,以练习法、讲授为辅。

(五)组织引导

(1)教师布置任务清晰,预习要求明确。
(2)给学生提供必要的参考资料。
(3)对学生进行教学设计、课堂教学、观点分享等必要的技能训练。
(4)对学生课下的讨论予以必要的指导并给出建议。

(六)活动设计

1.提前两周布置阅读任务
阅读《义务教育语文课程标准(2022年版)》和小学语文六年级上册教材中的《江南春》和《六月二十七日望湖楼醉书》,同时查阅小学语文教学中的单元整合教学等相关文献。

2.组内讨论与交流
为每个小组提供一张小组讨论记录表,记录小组成员的发言情况和问题清单。

3.小组汇报与分享
汇报中,每位同学做好记录并进行录像,以便提问、互动与反思。

4.点评与指导
教师对小组的教学设计进行点评,适时地提升理论,把握教学的整合进程。

5.总结与反思
课后各小组根据汇报的情况,及时总结和反思,进一步改进与完善案例教学。

六、要点汇总

小学语文单元整合教学策略的提出是为了帮助教师更好地进行单元整体

教学,是落实我国新课程标准的实际诉求。从夏老师的教学探索可以看出,要在实践中实现"单元整合",需要教师们在实际教学中破解根深蒂固的单篇教学理念,在教学过程中忽视学生个体差异性等难题。因此,如何破解"单元整合"难题,如何进一步推进单元整合教学等都需要进一步探讨。

在本案例的教学过程中,主要教学知识点如下所示。

(一)"单元整合"

"单元整合"在单元整体教学中占有重要的地位,因为教学要收到实效,必须解决好"教什么"和"用什么教"两个问题,而"内容整合"正是在"教什么"已经明确的前提下,确定"用什么教"的问题。单元整合教学已经成为新时代中国教育变革与发展的基本趋势。

在教学过程中,学生要理解从"单篇教学"到"单元整合教学"的改变,掌握单元整合的基本内涵。

(二)"单元整合"的困难

"单元整合"是以部编版小学语文教材单元为基本单位,从整体性出发,整体规划单元教学目标,统筹兼顾课内外教学资源,有效整合单元教学内容,灵活运用单元教学方法,采用单元教学整体评价方式,力求培养学生的学习能力,促进学生整体发展的一种教学模式。而"单元整合"最大的困难就在于"整合"。有学者提出了单元整合教学模式在实际课堂教学中很少有人运用,很多情况下是打着单元教学的旗帜,走向单篇教学的老路,出现了"名不副实"的现象。因此,在教学中要结合案例,引导学生理解"单元整合"的困难和破解之策。

(三)"单元整合"的学科路径

沈虹霞从充分预习策略、读写结合策略、整体建构策略、目标导向策略、主题探讨策略、对比阅读策略几方面,建构了单元整合教学的具体策略。王爱华提出了整合真实情境;确立有意义的开放任务;经历真实的语言实践活动的策略。蒋晓茹提出了研读大单元内容,提炼单元的核心主题;厘清文本逻辑,结合任务情境调整教材编排顺序;经历真实情境地学习,形成识写能力与语言素养的策略。对于教师来说,如何在教学中有效运用"单元整合"的教学模式依然需要进一步探索。夏老师基于学习和探索,从"单元整合"的角度解读《江南春》《六月二十七日望湖楼醉书》两首古诗,制定教学目标,开展教学设计并进行实践,探索了小学语文教学中的单元教学模式。

在教学中,结合夏老师的探索历程,引导学生认识到作为"单元整合"教学的主体,教师应将"单元整合"贯穿教学设计、教学过程、教学评价和教学反思等过程。

第五章
基于朗读的小学文言文教学探索与案例教学指导

第一节 背景信息

朗读,是把文字转化为有声语言的一种创造性活动,是小学生完成阅读教育任务的一项重要的基本功,就语文学习而言,朗读是最重要的。朗读是阅读的起点,是理解课文的重要手段。它有利于发展智力,受到思想熏陶,也有助于情感传递。我国宋代大理学家朱熹说:凡读书,需要读得字字响亮有力,不可误一字,不可牵强暗记。而且要"逐句玩味""反复精详""诵之宜舒缓不迫,字字分明"。这样,我们可以深刻领会其意义、气韵、节奏,产生一种"立体学习"的感觉。朱熹要求学生从小养成正确朗读的习惯,还要求读书必须逐字逐句透彻理解,进而深入体会,反复揣摩。

《义务教育语文课程标准(2022年版)》(以下简称《语文课程标准》)对朗读教学非常重视。四个学段的阅读部分都强调:"能用普通话正确、流利、有感情地朗读课文。"在教学建议部分也提出:"各个学段的阅读教学都要重视朗读和默读。"可见,朗读被认为是贯穿整个义务教育阶段最重要的也是最基本的语文教学方法。《语文课程标准》在评价建议中还强调"评价学生的朗读,可从语音、语调和感情方面进行综合考察,还应注意考察对内容的理解和文体的把握""注意加强对学生平日诵读的评价,鼓励学生多诵读,在诵读的实践中增加积累,发展语感,加深体验与领悟"。由此可以看出,《语文课程标准》认为朗读不仅仅是一种技能的训练活动,更是一种主体的生命活动。朗读与"理解、把握、体验、领悟"等密不可分,朗读不应外在于这些活动形式,而应包孕于这些活动形式中。也就是说,朗读在性质上应从属于"感悟、积累和运用语言的语文实践活动"。此外,《语文课程标准》对文言文的教学提出的目标与要求是:"诵读出色诗文,注意通过诗文的声调、节奏等体味作品的内容和情感……""书读百遍，其义自见""熟读成诵，无师自通"，都说明读对理解文章具有重要作用。可见，"以读为本"是小学文言文教学的应有之义。

第二节　案例正文

统编版教材中的文言文篇目大幅度增加后，王老师一直在思考："如何基于朗读进行文言文教学？"王老师说："'课标中关于小学文言文教学虽没有明确的要求，但是也提出了借助工具等学习阅读浅易的文言文，其中就包含对文言文的阅读要求。新课标也倡导自主、合作、探究式的教学。'回过头看看我们的课堂，学生被禁锢在'一亩三分'的座位上，在文言文教学课堂上，虽也涉及朗读，但细看此'朗读'非'朗读'，朗读就如蜻蜓点水一般，是形式过场而已，接下来课堂还是老师的'天下'，老师说，学生记，将文言文分解得'支离破碎'、毫无美感，更何谈学生从中获得语感的培养和情感的熏陶。"在回顾了多年的文言课堂教学后，王老师开始思考文言文教学与朗读融合的问题。对于文言文教学与朗读的融合，一开始王老师心里没底，比如教学与朗读靠什么融合？应该如何融合？为取得实质性的突破，王老师聚焦统编版小学语文教材，以五年级下册第八单元的《杨氏之子》为例进行探索。

一、前提：文本解读

教好文言文的前提需要明确教什么，而要知道教什么的前提就是文本解读。王老师主要从三方面进行了解读。

《杨氏之子》文市解读

1. 读背景：故事内涵

《杨氏之子》选自南朝刘义庆的《世说新语·言语引》，这部书主要记载了汉末到晋代士族阶层中的闲谈逸事小说。这篇短小的文言文就是通过孔君平与杨氏子之间你来我往的风趣幽默对话，体现出主人公杨氏子过人的聪慧。杨氏子不仅反应机敏，而且聪明过人，十分注重尊敬长辈，谦逊有礼，一言一语都透漏出他深厚的学识以及良好的家教和修养。在七岁的杨氏子身上我们可以看到很多中华民族几千年流传下来的优良品德,而杨氏子仅仅是一个缩影。杨氏子这种聪明机智、谦逊有礼、尊敬长辈的品质为人们所称赞,融入中华民族的血液中,是中华民族文化生生不息的源泉,更是中华民族同舟共济的根基。应该借助学习这篇文言文的机会让学生明白,学习知识能够丰富和提升自己,但学习如何做一个彬彬有礼、懂得尊敬他人和长辈的孩子也是同样重要。

2. 读文本:故事内容

《杨氏之子》是部编版小学语文教材五年级下册第八单元的第一篇课文。在这组课文中还有另外两篇课文,分别是《手指》和《童年的发现》,可以通过本组课文的单元导语了解到,这组课文的主题是"风趣和幽默是智慧的展现",要求学生在学习课文的同时感受语言表达的艺术,体会课文风趣的语言。《杨氏之子》一课的编排主要是为了让学生感受与他人对话的艺术,并能够体会到中华民族的优良传统。

《杨氏之子》这篇课文主要讲述了聪明机智的杨氏子,用聪明机智且恭敬有礼的应答得到了孔君平的赞许,他身上的这种优良品质也流传至今。课文简单易懂却又饱含特色,下面将从两个方面对课文进行较为详尽的分析。

首先,课文用词精准,短小精练,适合学生的学习水平。《杨氏之子》原先是人教版小学语文的第一篇文言文,是很多学生正式学习文言文的一个开端,也是学生学习文言文的启蒙之门。自2019年部编版教材施行以来,小学语文教材中大大增加了文言文的选篇,由原先的人教版的4篇增加到了现在的14篇,由原先五年级初次接触文言文,提前到了小学三年级接触第一篇文言文《司马光》,本篇课文是小学阶段学生接触的第10篇文言文,故事情节简单,言简意赅,寥寥几句、短短数十字的文章通过精巧机趣的语言交锋生动地刻画出了一个聪慧幽默、谦逊有礼的小娃娃的形象。学生是第一次正式接触这样的文体,教师可以从"小"这个字入手,引起学生的注意,让学生初步通过这种短小的故事感受精妙的语言魅力。例如课文题目《杨氏之子》,如果翻译成现代汉语,我们往往会说"他"是一个姓杨的家里的孩子。这几个字对于五年级的学生来说并不陌生,在他们的日常生活中也随处可以看到"李氏羊汤""赵氏包子铺"等,教师通过联系日常生活这种方式,一下子将较为陌生的文言文与日常所见所闻之间的距离拉近了,不仅调动了学生学习的积极性和热情,而且对学生更好地理解和记忆课文都有极大的帮助。除此之外,本文几个动词连用,例如"诣其父"中的"诣","乃呼儿出"中的"呼"以及"为设果"中的"设",这几个动词不仅用词精准,更是将整篇课文的情节连贯起来,使行文更加流畅。

其次,课文语言生动且具有趣味性,有利于调动学生学习的积极性。《杨氏之子》这篇文言文的主体部分是杨氏子和孔君平一来一往机智幽默的对话,这也是这篇文言文的亮点。孔君平说,杨梅是你们家的水果,杨氏子应声答曰:"未闻孔雀是夫子家禽。"短短几个字我们就可以看到杨氏子身上的许多特点。首先是"应声答曰",形容非常快速地回答,说明杨氏子没有经过思考就脱口而出,是个非常聪明机智的男孩儿。而杨氏子在回答孔君平的话时,并没有直接说孔雀是夫子家禽,而是巧妙地加上了"未闻"两字,意思是他从不知道孔雀是孔君平家中的一只鸟。这样巧妙的回答增添了几分俏皮感,也符合杨氏子九岁的年龄特点,同时也更加婉转,给作为长辈的孔君平留下了足够的面子。这体现了九岁的杨氏子不仅聪慧,而且懂得尊重长辈,谦逊有礼。小小年纪的杨氏子之所以能做出这样的回答,不仅仅是因为他出生于一个优秀的大家庭,受到身边人的影响,更是因为他读了很多书,是知识的力量成就了这样一个杨氏子。因此,学生在学习这篇文言文感受杨氏子与孔君平之间幽默对话的同时,也要明白读书学习的重要性。

3. 读学生:教学起点

本篇文言文的教学对象是小学第三学段五年级的学生,此阶段的学生正处于儿童期向青年期发展的过渡阶段,思维认知正由具体形象思维向抽象逻辑思维过渡,但具体形象思维仍占主导地位,因而在对文意的感知和深化理解方面,教师还是要适当运用一些直观的方式让学生更好地体会文意,这既能激发学生的学习热情,也能让学生提高学习效率。五年级的学生对外界事物逐渐有了自身的认知和看法,意志水平也渐渐由他律向自律发展,心理活动渐趋稳定,情感认知方面也渐渐向高级情感不断发展和完善,其独立自主意识强烈。在学习本篇文言文之前,五年级学生已经学习过统编版教材的9篇文言文,这9篇文言文涉及寓言故事、神话故事、语录体小说、散文等多种体裁,可以说,学生已经初步掌握了学习文言文的方法,包括借助注释、插图等工具,联系上下文理解等。此外,五年级的学生已经初步具备了通过信息技术等手段获取资料信息的能力,因此,学生也可以借助互联网查阅相关文言材料,以便更好地学习和理解文言文,但教师需要加以引导,从海量信息中选取恰当合适的资料尤为重要。

二、方向：设计教学目标

语文的教学目标是制定具体教学过程的依据也是整堂课的方向，是教学活动最终的落脚点。只要明确了教学目标，教师就可以灵活地选择教学的切入点并搭配恰当的教学方法。确立教学目标的意义就像是在茫茫大海中航行的船找到了回家的灯塔，不会偏离航线。

因此，王老师认为，教学目标的制定要基于教师对文本以及学情的细致了解。《杨氏之子》教学目标的制定，同样如此。

鉴于此，王老师明确了本篇文言文的教学目标：首先，初步学会朗读，通过文言文特有的节奏和韵律，感受文言文的魅力；其次，学会借助注释、插图等工具了解文意，分析杨氏子和孔君平的形象，感受文中人物形象特点，习得文言文学习方法，让学生乐学文言文，培养文言文的学习兴趣。能够让学生接受并喜欢文言文也应作为教学的目标之一，这就需要教师采取灵活机智的教学策略。

三、过程：设计教学活动

课前活动：学生吟诵古诗引入新课。

师：同学们，中华民族悠悠五千年，给我们留下了厚实的文化精髓。让我们一起先吟诵一些古诗词吧。

学生吟诵古诗后引出今天学习的一篇古文。（板书：文言文）

王老师说：一堂"文化"的课自然以一种文化的方式来引承。这样，使学生未识课文就置身于一个宏大的文化背景之下，从而自然地引出文言文《杨氏之子》。

（一）解读课题，促迁移

师：今天我们来学习一篇古文，读读题目，说说这个题目的意思。王老师预设：（姓杨人家的儿子）

师：这是古人的说话方式，请你也试着用这种方式来介绍自己。（对古文中的"……氏"迁移运用）

学生根据自己的姓用这种古人的方式来介绍自己。王老师预设：（张氏之子，董氏之女……）

王老师说：以学生的姓切入，抓住古文中典型的语言点，使学生对"……氏"

能够迁移运用,并做到情趣与理趣的有效融合。

(二)读懂字词,通古文

· 放声自由读课文,争取把文章读通顺。

· 指名读,组织交流,呈现难点。

师:老师请几位同学来读读课文。其他同学注意听,把这几位同学读得不一样的地方画下来。(学生交流不同之处,老师随机在黑板上画出)

王老师说:这是小学生初次接触文言文。学习本文应重点指导学生把文章读正确,特别要注意停顿得恰当。而学生读得不一样的地方正是他们感到困惑之处,我将其定格,让学生在接下来的朗读中能不遗余力地直指读懂、读通课文的目标,这样的读书有更强的指向性。

(三)聚焦于"读",划节奏

师:同学们,这些句子大家读得不一样,就是停顿或者读音有所不同。老师建议大家结合课文的注释,读懂句子,了解大概意思,再想想到底该怎么读。

(四)花样解读,理文意

1. 孔君平诣其父

(1)指名学生读。

(2)学生结合注释知道:"孔君平"是一个人名,"诣"指的是拜访。

(3)学生再读句子,同时老师画出停顿处之后大家齐读。

2. 乃呼儿出

(1)学生联系上文,"父不在",即父亲不在家。结合注释知道"乃"是"于是"的意思,继而了解句子意思。

(2)再读句子,学会正确停顿。

3. 孔指以示儿曰

老师根据学生的释义,在句子上画出相应的停顿处。

(1)学生结合注释,说句子的大意:孔君平指着水果,给孩子(杨氏子)看,并问他。

(2)指名读,齐读,再次强化正确停顿。

4.未闻孔雀是夫子家禽

(1)学生理解现在的"家禽":家里养的鸡、鸭、鹅等。

(2)学生结合语境,对文中的"家禽"分别释文:"家"指夫子家,"禽"指鸟类,"家禽"指的就是夫子家的鸟,故而明白中间应停顿。

王老师说:对于古文朗读中的停顿,要建立在读懂古文的基础上。这一环节把读准停顿和疏通词句糅合,使两者能相辅相成,相互推进。要读通古文,必须先疏通词句,所以在这个环节上聚焦难点,充分展开。

(五)再读古文,押音韵

师:现在就请大家再读一读课文。注意停顿,相信你一定能读得更通顺。

(六)述读内容,促了解

师:课文读通了,发生在杨氏子身上的事也一定有所了解了。谁来说说这个故事的内容?

王老师说:读通了古文,对意思也有了一定的理解,让学生用自己的话来表达出来,已是水到渠成。到此完成了对古文第一层面的解读,使学生能够真切地看到自己在课堂上的进步:从读不通到读通,再到能用自己的语言来概说这个故事,步步进阶。

(七)品读对话,促体悟

1.师生对话,体味巧妙

(1)创设情境,师生角色定位后合作对话。

(2)结合情境,对词句再进行解读。

(老师手指黑板上的课文,引导学生逐字理解)

"此"——学生:这个(杨梅)。

"果"——学生:水果。

"君家果"——学生:你家水果。

"此是君家果"——学生:杨梅是你们杨家的水果。

(3)对读词句,体味聪慧。(体会杨氏之子的对答如流)

2.熟读成诵

师:这么聪慧又懂事的孩子,你们喜欢吗?让我们再来读一读课文,注意读

出喜欢的感受,读出古文的韵味。(请几名学生读文,配乐)

师:学到这里,你能试着把这个故事背诵下来吗?我们一起背一背,不能背诵的看着书朗读。

王老师说:此教学过程是对学生学习的检验。

(八)拓展阅读

鼓励学生阅读《世说新语》中的其他小故事,大体了解内容,体会语言的精妙之处。

四、反思评价

《杨氏之子》一文,以精练的笔触勾勒出一个机敏善对的九岁男孩形象。首句总领全篇,"甚聪慧"实为文眼,统照全文。后四句叙事,详写杨氏之子的"设果"与"应答",凸显"聪慧"之内涵。全篇行文简洁,不足百字,但情节简单,人物巧妙逗笑,颇具诙谐情调和语言魅力。

针对五年级学生的认知发展和思维特征,再加上文言文的艰涩难懂,设计教学时需要贯彻多读少讲的原则,使学生在读中感知,在读中感悟,熟读成诵,从而丰富语文积累,培养语感,发展思维。文言文相比现代白话文,更讲究韵律,因此读起来朗朗上口,尤其是小学中低年段的学生处于语言习得的基础阶段,所以只要有合适的文言素材和恰当的教法,小学生乃至中低年级学生读起文言文反而比中学生更投入,表现出更大的兴趣,他们首先感受的不是这篇古文的含义,而是音韵,他们会像喜欢唱歌、读诗一样喜欢文言文。如何既关照"文言"这一文体特点,又落实以读促悟,培养兴趣,是本课时设计的主要出发点。因此,教学设计时主要集中在趣味朗读读出文言韵味、文言阅读方法的渗透以及延伸拓展这三点上,以此激发学生对文言文的学习兴趣。

在授课过程中,首先还是要从复习反馈、明确任务开始,从"甚聪慧"的"慧"字古义入手,结合杨氏之子的表现,总结出他不但很聪明,而且很乖。其次从"聪明"和"乖"这两方面去体会杨氏子的甚聪慧。最后当堂背诵,根据学生的背诵情况再适当弥补讲解时的不足之处。本该到此总结归纳文言文的学习方法后就下课,但王老师发现需要加上一个环节"读写结合,故事新编",学生在"写"与"听、说、读"之间还存在好长的距离,若要完成这个读写结合的目标,估计耗时耗力,得精心研究设计。在本课的教学设计中,王老师参考了许多教学参考和资料,力求在朗读的基础上让学生理解文意,有所领悟并能在此基础上培养一定的语感,或许是"当局者迷",想要的东西太多,往往课堂中难以取舍,显得过犹不及。因此,针对《杨氏之子》本篇教学设计,王老师有以下几点感悟。

(一)朗读指导的规范性和实效性

在课堂教学中,"读"是非常重要的一个环节,尤其是文言文教学,也可以说,读贯穿文言文教学的始终,有教师示范读、学生齐读、指名读、角色扮演朗读等。本课教学中,还是一如既往地贯穿"读到底"的原则,首先是初读——读准字音,掌握语感韵律节奏并适时纠正字音。其次是再读——划分节奏,读得通顺,文从字顺,断句合理,通畅自然,读好停顿,通过自由读、听音频朗读、老师范读、指名读、师生合作读等多种形式开展,层层递进,让"读"成为撬动文言文学习的支点,这是学生感受文言韵律最直接也是最重要的方式。最后是三读——借助注释理解文意,一直认为"一篇课文的教学内容,可以归结为三句话:学生不喜欢的,使他喜欢;学生读不懂的,使他读懂;学生读不好的,使他读好。也就是说,教学要落实在学生不懂的地方"。对于这句话,学生在课堂开始就懂得了"耕者"和"株"的意思,因此这句话解读时可以直接由学生回答。而且要读出韵味,想象文章描绘的画面,将文章的深意和情感带入朗读之中。此外,王老师认为在朗读指导时要注重对学生的激励,有效及时的激励有助于将学生引导到情境中,更好地感受文言意境,更全面地掌握对文言文的学习。

(二)注重情绪关联

课堂的前几分钟,往往是一堂课能否吸引人的引子,因此需要重视导入环节,这一环节虽不说人人要做到有新意、有创意,但重要的是要抓住学生的注意力和吸引力,引起学生的参与兴趣。如果一堂课的起初几分钟都没办法带动学生,那可想而知,对于好动、易分心,注意力不易持久集中的小学生而言,剩下的三十几分钟能听进去多少,又能学到多少,更不用说能掌握多少了。

(三)注重旧知巩固

统编版教材共有 14 篇文言选文,相比先前的人教版、苏教版、北师大版而言,文言篇目数量大大增加了,本节课是统编版语文教材所选编的第 10 篇文言课文,在学习本文前,学生已经接触并学习了 9 篇文言文。因此,本堂课所说的旧知是指先前的学习经验,即文言文学习方法。复习先前的文言篇目,意在让学生回忆总结文言文的特征及学习方法,从而启发诱导学生对于《杨氏之子》的学习同样可以借助注释、插图等。此番设计缘于:"器欲尽其能,必先得其法",通过联系旧知,总结学习文言文的方法,并运用这样的方法学习本篇文言文,在课堂的一开始就为学生奠定了一定的方法基础,从而形成"总结—运用"的迁移过程。学生自己总结出学习文言文的方法,并将此方法当下就能展示并实践应用到《杨氏之子》这篇新的课文中,况且方法的掌握也不是仅仅应用到这一篇文言文。

(四)注重方法的掌握

理解课文中的字词和课文大意需要一定的方法,通过课文练习提供的方法主要是"借助注释""讲述故事""结合资料""联系生活实际"等。在教学中,教师要引导学生运用多种方法,灵活处理。因此,本节课的学习目标和梯度其实也是根据课后思考练习的两个问题层层递进,在完成课后练习的同时不知不觉就实现了学习目标。

(五)强化语用,在语言实践中提升能力

语文课程是一门学习祖国语言文字运用的综合性、实践性课程。加强语言实践,是每一节语文课的任务和要求。在文言文教学中,除了必要的理解,也需要教师在教学中关注学生的语用练习。课程标准中明确表示:语文课程应引导学生在真实的语言运用情境中,通过自主的语言实践活动,积累语言经验,把握祖国语言文字的特点和规律,加深对祖国语言文字的理解与热爱,培养运用祖国语言文字的能力。文言文的教学同样应加强语言实践。因此,在本节设计中,王老师认为还可以增加一个环节:让学生用自己的话复述故事内容,在学生讲述和复述故事的过程中,教师要提示其注意语言简练、清晰明了、表述清楚。

(六)开展多种形式的课堂活动

为了进一步提高学生学习文言文的兴趣。改变传统的读读讲讲、机械背诵理解的教学模式,开展多种形式的课堂教学活动是十分必要的。比如,讲故事、

表演读、排演课本剧、制作人物书签等,这些活动可以进一步拓展学习途径,在活动中学习语言,让学生易学、好学、乐学。统编版教材所选编的 14 篇文言文中只有 3 篇是不要求背诵的,本篇文言文当然也是有背诵要求的。在本次课堂设计中,建议关于背诵版块的设计稍微丰富一些,可采用游戏式的轻松方式。

通过挖字填空法;无空格提示,提示插图背诵;无任何提示,进行背诵这三种难度层层叠加的方式检验学生背诵进度。采用多种形式的检验背诵方法,不仅仅对学生掌握背诵而言是循序渐进的,梯度易于接受,而且对于学生深化理解"借助插图"这一工具学习文言文也有很好的辅助作用。

综上所述,在进行小学阶段的文言文教学中,首先需要明确小学文言文教学的基本定位,小学统编版教材文言文教学有别于初高中教学,它的基本定位是"初识"。这里的"初识",王老师的理解是:①见个面,认识一下。知道文言文是另一种文体,有别于白话文。②重在激发学生对文言文的兴趣。让学生觉得这样的文章不是很难读,还比较有意思。③初步感知文言文的语言特点。文言文的语言特点比较复杂,教学中主要让学生感受文言文语言简洁明了、言简意赅这一特点。④通过教学,让学生了解古代的历史文化、人文风俗等,感受中华传统文化的博大精深。

第三节　教学指导书

一、教学目标

通过对《基于朗读的小学文言文教学探索》这一案例的讲解和分析,能了解到一线小学语文教师探索将朗读融入文言文教学实践的经验与策略;在案例的启发下尝试探索"基于朗读"理念下的小学文言文教学路径。

(一)适用课程

本案例主要适用于《小学语文教材分析与教学设计》之教材解读和教学设计;同时适用于《小学语文课程与教学论》《课程与教学论》课程的教学设计和前沿问题讲解。

(二)教学对象

本案例主要为小学教育专业硕士教学开发,也适用于全体教育硕士和小学教育专业本科生。

(三)具体教学目标

· 理解"基于朗读文言文教学"的内涵、路径和困难。

· 了解朗读在小学语文文言文教学中的作用,获得基于朗读学习的文言文教学实践的经验与策略。

· 以"反复读、多种形式读"的教学设计为基础,获得形式多样化的小学文言文教学设计的知识与经验,以提高教学设计能力。

· 理解如何恰当合理地运用朗读教学策略,体会如何利用多种形式的朗读策略引起学生乐学、好学、会学文言文的深层动机。

· 掌握"教材融合式""朗读在文言文教学中的融合"范式的操作策略。

二、启发思考题

· 阅读本案例,你如何看待文言文教学?

· 本案例是如何运用朗读教学策略的?

· 本案例是如何进行《杨氏之子》一文中杨氏子与孔君平对话教学设计的?如果你来设计这部分内容,你会遵循怎样的设计思路?

· 本案例以《杨氏之子》为例的教学实践给你带来哪些启示?

· 简述你对"基于朗读文言文教学"的理解以及在文言文教学中的具体落实途径。

三、分析思路

本案例分析的核心是基于朗读在文言文教学中的教学实施过程。主要围绕"为什么要基于朗读进行文言文教学设计""文言文教学中如何落实朗读""文言文教学中落实朗读的方法和策略"等线索展开。

四、案例分析

朗读是用有声的言语催发文本世界苏醒与复活的过程,是文本世界的建构与学生心灵生活的建构。邓云乡先生在夏丏尊和叶圣陶所著的《文章讲话》序里写道:"因为语言,不管中文、外文,不管白话、文言,越是典范的作品,必须读出声音,才能更深切地联系到自己感情的体会。语文的学习、作文的学习,必须从情感、思维、兴趣入手,而一切文字的感情都是由声音体现的。"所以,读是重要的基本功。在语文教学中,教师要充分体现朗读指导之法、之效、之功、之妙。

(一)案例回顾

王老师说:朗读是本节课的重点,它贯穿教学过程的始终。通过反复读,读通、读顺、读出韵味、以读促悟等环节进行落实"朗读教学",从而培养学生的语感。

在朗读教学中,读通文言文是一个重点。王老师先放手让学生自己读课文,在学生充分读通之后,请同学朗读,对朗读中出现的问题进行指导。然后是朗读的停顿,"孔/指以/示儿曰""未闻/孔雀/是夫子家/禽",对于这些在朗读中不易掌握的停顿,先让学生朗读比较,并进行示范朗读,让他们发现异同,然后自己发现。特别是"家禽""家/禽",因为古文中的家禽和现代生活中的家禽意义不同,但学生对此却没有这方面的知识积累,所以不能理解,于是教师范读,学生练读,就能明显地感受到读得更好了,理解也就加深了。

在读顺课文的基础上,让孩子再读课文,引导学生发现文言文与现代文在表述上的不同。学生能将文言文翻译成白话文,对文章能够整体把握。在设计教学的时候尽量放手给学生,让学生自己试着理解,一些难懂的地方则给予点拨和指导。在学生交流自己的理解的过程中,顺势引出理解文言文的两个基本方法:"借助注释"和"联系上下文",这样进行学法指导显得很自然,能让学生感觉到这个方法是大家在实践中得出来的,掌握起来就更容易一些。学生能在语言实践中感受到传统文化的魅力,也能体会文言文语言简练,节奏分明,朗朗上口以及字义和现代有所不同等特点。

文章中杨氏之子的语言非常巧妙,但是让学生仅由文中的两句对话就体会语言的表达艺术的确有困难。为了把这个主题深入下去,王老师在开课的时候可以讲述罗斯福的故事,让学生感知语言的艺术。这样他们对于语言的艺术感受就深刻了一些。而课文中杨氏之子的回答则抓住了杨家小儿的反应敏捷,迅速听懂了孔君平的言外之意,并马上联想到孔君平的姓与孔雀一样,于是用孔雀来回答,但也没有正面否定孔君平的回答,也是话中有话,言尽而意无穷,这就是妙之所在。学生在体会的时候可能最初有些不太明白,但随着深入学习,细细品味,最终会恍然大悟,这也是学习这篇课文的有趣之处。通过反复读可以明显发现学生再读时确实熟练了许多,而且能非常饶有兴致地探索语言的艺术。

(二)理论基础:"朗读"

朗读是把文字语言转化为有声语言的外显,是语音的"复活",因此对语音性质的研究,是朗读理论与朗读实践的重要内容。语音的社会性质是语音的本质属性,其内涵不仅在于字符词语语音形式的表"义",更在于其表"意",在于有声语流的语音形式如何传情大意,对朗读起决定作用。朗读者遵循朗读的科学规律与艺术规律,可以更好地实现语言的社会功能。而朗读教学,恰恰需要学生在教师指导下积极参与,更重要的是需要学生自己主动训练并领会朗读的技巧,去发掘并体验朗读的乐趣,这个过程是学生构建朗读知识和技能的过程。

(三)"朗读"理论的分析

1. 树立生成性朗读教学观

用建构主义学习理论指导朗读教学,应当树立生成性朗读教学观。生成性朗读教学观就是让学生在自主建构中训练并生成朗读技巧、建构朗读能力。这一过程表现为教师在教学前进行基本的预设,在朗读教学过程中充分调动师生双方的积极性,以学生为主体,通过多种形式的朗读,让学生的思想、感情与朗读文本交相互动,激发学生的兴趣,加深学生的体验,培养学生的语感,不断地重建学生的朗读心理结构,从而培养朗读能力。

2. 科学设计朗读教学

朗读教学观念的指导作用,必须落实到具体的朗读教学设计中,科学的朗读教学设计能使学生建构并生成朗读技能。朗读设计应注意以下几个方面:

首先,确定朗读训练目标。分析整个朗读教学目标和单元训练目标,以确定当前朗读训练的目标。朗读目标大体可分为三个层次:一是准确流畅。即要求学生朗读时语音准确、表达流畅,这是朗读训练的初级目标。二是技巧恰当。即要求学生在重音、停顿、连读、语调、节奏等朗读技巧的处理上比较恰当,运用较为熟练,这是朗读训练的中级目标。三是语感敏锐、技巧熟练。即语感敏锐、准确,能熟练地运用各种朗读技巧,感情丰富地进行朗读,这是朗读训练的高级目标。同时,教师要精心设计每节课的朗读训练点,使每次训练目标有所侧重。这样,学生掌握前述的朗读技巧后,便能举一反三、触类旁通。

其次,创设朗读情境。创设与当前朗读教学相关的情境非常重要。建构主义认为,学习总是与一定的社会文化背景,即"情境"相联系的。在实际情境或多媒体创设的情境中学习,学习者可以利用生动、直观的形象有效地激发联想,唤醒记忆中有关的知识、经验或表象,从而使他们能利用自己原有认知结构中的有关知识与经验来同化当前学习的新知识,赋予新知识以某种意义,从而达到对新知识意义的建构。朗读教学应创设接近学生真实情感的学习环境,从而激发学生参与交互式朗读训练的积极性,在交互过程中实现朗读知识的应用和朗读技巧的建构。

最后,选择不同方法,设计自主训练。自主训练设计是整个朗读教学设计的核心内容。应根据所选择的朗读训练方法,对学生的自主训练作不同的设计。朗读训练方法比较多,如个别朗读、齐读、对读、赛读、分角色朗读、示范朗读、模仿朗读、录音朗读、表演朗读、品读、美读等。教师应针对不同的朗读训练目标,设计出相应的学生自主朗读练习的方法。常用的自主朗读训练方法有:①模仿朗读。以教师或朗读水平比较高的学生的朗读为示范,学生进行模仿性朗读训练。示范者声情并茂的朗读,能激发学生的朗读情感和朗读欲望,并能为学生的朗读练习提供一个范本。学生根据示范朗读,进行模仿训练的过程,就是学生朗读体验的过程,是一个自主建构朗读技巧的过程。②录音朗读。即学生将自己的朗读录下来,再和教师或小组同学一起进行听、辩、议。学生在自己朗读的时候,往往较难发现朗读中的缺陷,而通过听自己的录音,可以很容易地发现自己朗读中存在的问题和缺陷。而老师或小组同学的评议和指点,对提高自己的朗读能力极有帮助。③表演朗读。即带有表演性的朗读。学生要在熟练朗读的基础上进行表演朗读,因为表演朗读需要学生运用更多的技巧、投入更多的情感进行大胆的演示性朗读尝试。这有利于激发学生的朗读兴趣,进一步提高其朗读技巧的运用,强化其朗读技能的建构。④品读。即边赏析边朗读,在朗读中品味、在品味中朗读。这个过程是强化语感的过程,也是在语感的培养过程中建构朗读技能的过程。赏析是一种深入的体会和品味,也是对语言深入的知觉、感悟和对朗读艺术的情感体验。在这个过程中,语感得到了深化,而在语感深化中进行品读训练,能进一步引导朗读技巧的运用,促进朗读技能的建构。⑤美读。即学生感情充沛、声情并茂地进行朗读,此为朗读的高层境界。

五、课堂设计

(一)时间安排

大学标准课4节、共180分钟:布置和预习1节,上课讨论1节,课堂实践1节,反思总结1节。

(二)环节安排

提前一周利用1节课的时间预习《杨氏之子》这篇课文,并结合问题解决学习进行教学设计→小组讨论设计方案→研读案例→课堂分享与报告→教师点评和学生互评→设计本单元中其他内容→学生实践→教师和学生评价。

(三)人数要求

40人以下的班级教学。

(四)教学方法

以讨论为主,以练习表演、讲授为辅。

(五)组织引导

- 教师布置任务清晰,预习要求明确。
- 给学生提供必要的参考资料。
- 对学生进行教学设计、课堂教学、观点分享等必要的技能训练。
- 对学生课下的讨论予以必要的指导并给出建议。

(六)活动设计

1. 提前两周布置阅读任务

阅读《义务教育语文课程标准(2022年)版》,教材中的《杨氏之子》以及相关文言文朗读教学的文献期刊,同时查阅小学语文文言文教学中融合朗读的教学实践等相关文献。

2.组内讨论与交流

为每个小组提供一张小组讨论记录表,记录小组成员的发言情况和问题清单。

3.小组汇报与分享

在汇报中,每位同学做好记录并进行录像,以便提问、互动与反思。

4.点评与指导

教师对小组的教学设计进行点评,适时地提升理论,把握教学的整体进程。

5.总结与反思

课后各小组根据汇报的情况,及时总结和反思,进一步改进与完善案例教学。

六、要点汇总

"朗读"是语文教学的重要组成部分,也是语文教学的应有之义,新课程标准也明确了朗读对学习的重要性,要告别"哑巴语言语文",就要重视教学中的朗读。尤其是文言文教学,更是如此。从王老师的教学探索可以看出,要在实践中实现"基于朗读的文言文教学"需要聚焦真行动,破解多个难题。因此,如何破解"朗读和文言文教学融合"这一难题,需要进一步探讨。

因此,在本案例的教学过程中,需要注重"基于朗读的文言文教学"这一知识点,即:朗读是能完善地表达作品思想情感的一种艺术,它能将文字视觉形象变为听觉形象,从而给人以美的艺术享受。古人云:"读书百遍,其义自见。""熟读唐诗三百首,不会作诗也会吟。"语文教学的基础是读,这是最常用的一种教学手法。语文教师在教学过程中,不仅要做到自己会声情并茂地朗读,更需要引导学生朗读,使学生通过朗读读懂文意,理解作者的情感。尤其是在文言文教学过程中,朗读作为文言文教学的重要一环,在教学中具有贯穿整个教学过程的作用,恰当合理地运用好朗读策略,在文言文教学中会起到事半功倍的作用。

第六章 基于教、学、评一体化理论的小学语文教学探索与案例教学指导

第一节 背景信息

　　"教、学、评一体化"是指教学评价应始终贯穿于教师的"教"和学生的"学"的互动活动过程中,并与"教"和"学"高度匹配;同时,"教、学、评"三者均应共同服从于教学目标。[1] 2022 年 4 月 21 日颁布的《义务教育语文课程标准(2022 年版)》[2],在课堂教学评价建议中提出"教师应树立'教—学—评'一体化的意识,科学选择评价方式,合理使用评价工具,妥善运用评价语言,注重鼓励学生,激发学习积极性"。这一文件的出台让"教、学、评一体化"在教学活动中的重要性再一次得以凸显,也促进了课堂教学实践发展的逻辑理论和实践策略受到人们的关注。但在实际课堂教学中依旧存在教师进行教学设计时缺乏目标意识、教师的"教"与学生的"学"呈现"两张皮"以及有评无促等现象,如何利用教、学、评一体化理论指导课堂教学,需要在实践过程中进行积极探索。

　　虽然教、学、评一体化理论在语文教学实践中融入得较少,但在对 Y 小学的调研中,我们发现张老师进行了积极尝试。张老师是一位具有多年教学经验的小学语文教师,她热爱学习,大胆尝试,善于反思。本案例选自 2021 年 10 月张老师示范教授的统编版语文教材四年级上册《总也倒不了的老屋》一课。她的尝试,不仅激发了老师们的研究意识,也促使 Y 小学的课堂教学更加科学化,提高了课堂教学的质量。这一教学尝试将为教、学、评一体化在小学语文学科中

---

[1] 崔允漷,夏雪梅.教—学—评一致性:意义与含义[J].中小学管理,2013,(1):4-6.
[2] 中华人民共和国教育部制定.义务教育语文课程标准(2022 年版)[S].北京:人民教育出版社,2022.

的有效实施提供一定的案例参考素材。

第二节　案例正文

张老师对教、学、评一体化如何对小学语文课堂教学进行有效指导这一问题作了深入的思考,具体的思考过程及结果如下。

一、现实壁垒的束缚

(一)教、学、评一体化的缺失

张老师在教研活动讨论时,针对课堂教学中学生无法跟上自己教学步调这一问题说道:"我在讲台上慷慨激昂地讲解,学生在下面认真地记着笔记,可是进行测验的时候有些学生还是不会,甚至一些课文的细节还需要我继续提示才能回答出来。"大家听后纷纷表示赞同,轮到李老师发言时,她说:"学生在课堂上对于朗读课文、识记生字词、归纳主题思想等内容基本上都能掌握,并且我发现他们课本上该记的笔记也都记了,问他们还有什么问题也永远说没有。但是我提问一些开放性的问题,比如让他们仿写或者续写,他们就开始干瞪眼了。"李老师的发言引起了其他老师的共鸣,大家也纷纷表示学生在课堂上的听讲状态还不错,一些基本知识的掌握也较为熟练,但是一些拓展性和开放性的问题却不容易答上来。教师们都认为自己教了不等于学生学了,更不等于学生会了。如何让教师的教、学生的学和师生的评三者保持一致,使课堂教学更加高效,成为参会教师共同思索的问题。

(二)教师思想的转换

经过各位教师的交流分享后,张老师开始思索如何才能确保自己的课堂教学真正促进学生的学习。她发现在以往的教研活动中,教师们集中探讨的是"怎么教"的问题,很少研讨如何让学生知道自己"学什么""如何学"以及"学到什么程度"等问题。张老师说:

在我们过去的教学经验中,教学设计是教师研讨和提升的核心,因为教师的教学能力直接关系到课堂开展的质量。但是学生作为课堂活动的主体,如果不清楚自己的学习"应走向哪里""如何去",甚至不知道自己"到了没有",那么学生的主体地位很难得到保证,课堂教学的效率更难以得到提高。

张老师在阅读《学与教的心理学》《基于标准的课程纲要和教案》《教—学—评一体化教学策略与实践》和《促进学习的学生参与式课堂评价》等著作后,对教、学、评一体化指导课堂教学有了新的方向和思路。张老师说:

在备课时教师就不重视目标的设置问题,对目标设置习惯性地参考教师用书或网络资源,也没有对课标进行深入的梳理和细化,更没考虑到本班学生的学习情况;在实际的课堂教学中没有将评价与课标要求、教学目标相结合,缺乏形成性评价和学习性评价而导致教学无监控,学生自然也不知道自己的学习状态如何,更不知道自己的学习最终应走向哪里。

其实,教、学、评一体化就是"怎么教""怎么学"和"怎么评"三者与目标是一致的;教学设计、教学实施和教学效果应是一致的。教师需要通过清晰、细化的评价目标对学生进行引导与评价,让学生在进入课堂时明白"我需要达到怎样的目标",在学习过程中能够对自己的学习进程进行监控和调整,知道"我是否已经达到目标"。因此,教师除了在教研中研究"怎么教",还应关注学生"学什么""怎么学"和"学到什么程度"等问题。

(三)学习过程可视化

张老师在思考了教、学、评一体化理论对课堂教学中教师的"教"和学生的"学"的指导作用后,又产生了新的困惑,那就是如何确保"学生的学"与"教师的教"和"师生的评"是一致的。

张老师说,重视学生的学意味着教师能够清楚学生内在和外在的学习过程,学生不仅需要展示自己的发现和思考的结果,还要展示发现和思考的过程,让整个学习过程可视化。这样,他们才能知道"学什么"和"怎么学"。在课堂教学中,学生需要凭借评价任务及时进行检测,以展示自己的学习过程。因此,我们应重视评价的驱动作用,以情境和问题为载体,开展教师活动、学生活动和评价活动。使教师的评价不再是总结式的,而是过程性的。让学生在汇报展示课堂作业的过程中,对自己的思考过程进行总结陈述。

张老师对学生学习过程可视化的思考,是对评价任务在课堂教学中驱动作用的肯定。她决定采取逆向教学设计方法,首先预设教学目标,其次设计评价任务,最后进行教学设计,以确保每个教学目标都有相应的评价任务进行检测,并且能够根据评价任务收集学生的学习信息,以判断学生的学习状态,进而调整教学节奏。

二、打破桎梏,探寻原因

关于如何运用教、学、评一体化理论指导课堂教学,张老师对关键要素进行了研究和思考,并聚焦到统编版小学语文教材,以三年级上册第四单元的《总也倒不了的老屋》为例进行了探索。

(一)定盘星:目标意识与目标确定力

在集体备课时,张老师阐释了教学目标在教、学、评一体化的课堂教学中的重要作用:

教学目标是教、学、评一体化的核心和灵魂,对整个课堂教学具有指导作用,是教学活动的出发点和归宿。我们在编写教案时都会对教学目标进行阐述,但是教学目标不够清晰具体,可能无法对课堂教学起到引领作用。因此,我们应重视对教学目标的设计,首先,细化课程标准,初步编写教学目标;其次,围绕教材中本单元的核心知识和学科核心观念方法、价值,具体细化教学目标;最后,根据学情调整教学目标。

张老师对确定教学目标的流程进行细致的阐述后,金老师对教学目标的规范化书写提出了自己的看法:

我们在书写教学目标时应注意其是否符合规范:首先,教学目标的行为主体应是学生;其次,用可测量、可评价的显性行为动词来预设学生的行为表现;再次,对影响学生产生学习结果的行为条件进行限制;最后,对学生学习之后预期能达到的最低表现水准进行设定。这样才能确保教学目标的整体结构是符合书写规范的,避免目标的设置过于随意。

两位老师都对教学目标的确定提出了自己的想法,那么如何保证学生在课堂教学过程中的学习过程可视化? 即如何确定评价任务与课堂教学之间的关系,以确保评价任务能够驱动整个课堂教学? 陈老师补充道:

我认为应关注不同的教学目标在课堂作业中的落实情况,确保评价任务不是为了评价而评价,而是为目标和学生的学习服务。同时,让教师的教、学生的学和师生的评都能围绕教学目标,避免课堂活动偏离原来的教学轨道。

各位教师对教学目标的重要性、来源、确定流程、书写规范以及与评价任务关系的建议,为教、学、评一体化的课堂教学设计打下了坚实的基础,能确保后续教学设计在目标的指引下有序实施。

(二)突破点:评价任务分解力

随着新课程改革的不断深入,新课程理念强调的过程性评价、表现性评价和学习性评价等逐渐进入教师的视野。马老师在课堂教学过程中落实了这些理念,但在实践过程中也遇到了一些困难:

之前我设计评价任务时,会优先考虑它的操作性,所以更多采用的是自己喜欢和常用的评价形式。对于过程性评价,我发现在课堂教学中需要我不断收集关于学生表现的信息并整理分析,然后及时给予反馈。所以,随堂练习和纸笔测验这样的评价任务更容易操作一些,能够确保课堂教学活动顺利开展。我尝试使用过程性评价或者表现性评价时,发现自己因为评价知识和能力不足,难以把控这些新型的评价方式。

陈老师的话引起了大家的触动,大家在思想观念上认同新课程理念倡导的评价方式,但在实际操作过程中却遇到了技术瓶颈。评价任务是教师课堂教学和学生课堂学习的中介,能够解决"学生的学习到了哪种程度"的问题。评价任务的设计能够为学习活动的设计指引道路,基于具体明确的评价任务可以进一步确定学习活动的方式方法。那么如何根据教学目标分解评价任务呢?张老师提出了"评价与目标的对应思维":

教、学、评一体化遵循逆向教学设计,评价活动的设计先于教学活动的设计。因此,我们在确定教学目标后,可以设计与目标相对应的评价任务。"评价与目标的对应思维"可以确保每个教学目标都有对应的评价任务,但不是说教学目标和评价任务必须一一对应。我们设计评价任务的时候,可以是一个或多个评价任务对应一个教学目标,也可以是一个评价任务对应多个教学目标。

张老师提倡的"评价与目标的对应思维",能够帮助教师分解教学目标,设计更加灵活多样的评价任务,不仅能确保每个教学目标都能落实,还能在教学过程中对学生的学习进行过程性评价,让教学评价发挥促学助教的功能。

(三)着力点:学习信息驱动力

评价任务让学生的学习有了正确的方向,学生在学习过程中一定会产生大量的学习信息,教师必须及时进行收集和处理,利用学习信息驱动学生的学习,进而避免教师只管"教"、学生只管"学",导致"教"和"学"分离的现象。就如何发挥学习信息的驱动作用,促进教、学、评一体化,各位老师纷纷提出自己的建议。张老师说:

首先,我们应能捕捉到学习信息,在课堂教学过程中不能只推进教学进度,而忽视学生在完成评价任务过程中所产生的学习信息。其次,我们要对学习信息进行分类,主要分为这三类信息:一是大部分学生的学习信息,这类信息能帮助我们研判整体学情;二是有待完善的学习信息,它能反映学生具体缺乏哪一方面能力;三是错误的过程性或结果性学习信息,这其中包含学生在建构知识时存在的障碍,需要我们及时予以纠错和指导。最后,我们要利用学习信息调整教学策略。针对结果性信息,如果达成教学目标,就继续推进教学进度;如果未达成教学目标,应分析教学目标的设置是否合理,如果目标设置合理,那么我们可以采取提供学习支架、延长学习时间等策略促进教学目标的达成。而针对过程性信息,如果产生了新的教学资源,那么可以通过追问、组织讨论和补充学习资料等措施进行处理。

教师收集和处理学习的过程,就是评价驱动学习的过程。教师应当好"信息处理员"的角色,充分利用学习信息,及时调整教的步调,促进教、学、评一体化。

(四)支撑点:教学框架设计力

在预设了教、学、评一体化的课堂教学设计后,应对其在教学设计框架中的位置和作用进行设计。

教学活动设计遵循从框架到细节的设计思路,只有先设计出教、学、评一体化的教学框架,相关教学细节设计才是有价值的。根据前文内容,张老师总结了教学目标、评价任务和学习信息的关键要素,如何利用这些关键要素设计出有用的教学设计框架,为课堂教学活动提供支撑点,也是张老师对教、学、评一体化理论进行梳理和总结的过程。张老师总结道:

教、学、评一体化的教学设计遵循评价设计先于教学设计、框架设计优于细节设计的原则。只有这样，我们的课堂教学才能确保学生向着目标学习。首先，要确保教学目标正确合理；其次，采用"评价与目标的对应思维"设计评价任务；再次，对学生的学习活动参照预设的评价方式和评价标准，进行过程性评价和表现性评价；最后，创设教学活动，并让课堂评价贯穿于教学活动中。

同时，张老师分享了她的教案设计框架（见表6-1），由此可以看出张老师对评价任务和学习活动进行了前移，并且增加了评价设计在整个教案设计中所占的比重，强调了评价的驱动作用。

表6-1　教案设计框架

教学目标	评价任务	学习活动	课堂评价		教学活动
			评价方式	评价标准	

三、重新出发，实践探索

在明确教、学、评一体化的教学设计框架的逻辑理论之后，张老师通过目标设计、评价任务导学和教学活动实施三个环节，开展了教学实践，进行了《总也倒不了的老屋》第一课时的教学。

（一）目标引领下的教、学、评融合

张老师表示，教学目标是教、学、评一体化的核心和灵魂，应根据课程标准、教材和学情，确定具体且可操作的教学目标：

首先，我对课标进行了分析。《义务教育语文课程标准（2022版）》指出，第二学段的阅读教学要求学生"能联系上下文，理解语句的意思，体会课文中关键词句表达情意的作用""学习圈点、批注等阅读方法"。因此，我在设计教学目标时，注重引导学生联系前两个小故事，预测第三个故事的发展情节。同时，我鼓励学生模仿课文旁批，自己动手写批注。其次，我对教材内容进行了分析。本单元是本套教材首次以阅读策略为主线组织单元内容，并且本篇课文是预测单元的第一篇文章，因此教学目标设计应循序渐进，不易过难。课文内容用了"反复"的写作手法，较为相似的情节能够帮助学生预测故事的发展，并且教材中的插图、旁批和文章内容也为学生的预测活动提供了一些线索。因此，我在设计

教学目标时把这些线索作为教学目标的行为条件。最后,我对学情进行了分析。三年级正是低年级向中年级过渡的重要阶段,语文学习的重点不能仅仅停留在对字词的识记上,更应注重学生对文章的理解与感悟。预测作为一种自然存在的阅读心理,学生在阅读时会无意识地使用这一策略,但如何将学生无意识的阅读心理转变为一种有意识的阅读策略,需要我着重进行引导。因此,我在设计教学目标时,侧重培养学生对预测策略的实践运用能力。

综上所述,张老师设计了以下教学目标:

(1)读准"暴""凑"等8个生字,正确书写"洞""暴"等13个生字,能用生字词造句。

(2)能试着一边读一边预测,可以根据题目、课文内容、旁批和生活常识进行预测,知道预测要有一定的依据。

(3)通过对比阅读,理解"反复"这一写作手法,能够在实践中尝试运用预测策略。

(4)懂得预测没有唯一答案,初步感受预测的作用和趣味。

(二)导入环节——强化教学目标,精准把握学情

张老师表示,本单元是学生第一次学习阅读策略单元,同时本篇课文是预测单元的第一篇,我们需要让学生知道本节课的阅读策略具体是什么,即教学目标是什么。教师板书"预测"并让学生书写,以强化学生对这一崭新的阅读策略的认知。同时,教师在课前提问学生是否知道"预测"的含义,提前获取学生的认知情况,让教师能够"以学定教","学"与"教"始终围绕教学目标双线并行且交叉相融。

片段一:

师:孩子们,你们一定读过许多童话故事吧?今天我们用一种新鲜有趣的阅读方法学一篇新的童话,这个方法就是——预测,请同学们和张老师一起写。大家知道什么是预测吗?

生1:预测就是猜测的意思。

生2:就是提前去猜测。

师:预测就是还没有读课文,我们就进行了预先的推测,这就叫预测。

(三)评价任务——思维过程可视化

"评"表现为评价任务的设计与教学目标相匹配,评价能诊断出学习结果的质量,并以此为起点调整教学进程,促进教学目标的达成。课堂教学应发挥评价的启发、引导、激励作用,让学生在有所思、有所得中,进一步明确自己努力的方向。

片段二:

师:(出示老屋的图片)同学们,猜猜看老屋有多老?

生1:我猜可能有一百年了。

生2:我猜可能有一千年了。

师:这可不能凭空猜测。

生:我觉得老屋历史悠久。

师:你们看着图片已经开始预测了。(出示原文)下面请大家读一下这段文字,说一说能从哪里看出老屋的"老"。

生:老屋说它已经活了一百多岁了,后面还说它活了很久很久。

师:这位同学强调"一百多岁"和"很久很久"这两个关键词,大家还有什么发现吗?

生:它的窗户变成了黑窟窿,门板也破了洞。

(教师在课件上把原文中的"一百多岁""黑窟窿""破了洞"和"很久很久"标红)

师:很好,这两位同学都是根据课文的关键词进行预测的。

师:(出示课文题目《总也倒不了的老屋》)我们今天学习的课文题目却叫《总也倒不了的老屋》,这是为什么呢?你能猜到原因吗?

生1:可能有个好心人把它修好了。

生2:可能有人住在里面。

师:瞧!刚刚有一位同学觉得会有人修补它,另一位同学觉得有人会住进去,这些都是根据生活经验进行预测的。

张老师在引导学生探索"老屋有多老"这个评价任务时,引导学生说出自己预测的依据,其实就是思维过程可视化的过程。随后,张老师让学生找出她提前放在学生抽屉里装在"信封"中的预测单(见图6-1),上面总结了预测的依据。让学生根据预测单预测并写出"小猫"和老屋的故事,用多种形式让学生的思维过程可视化。

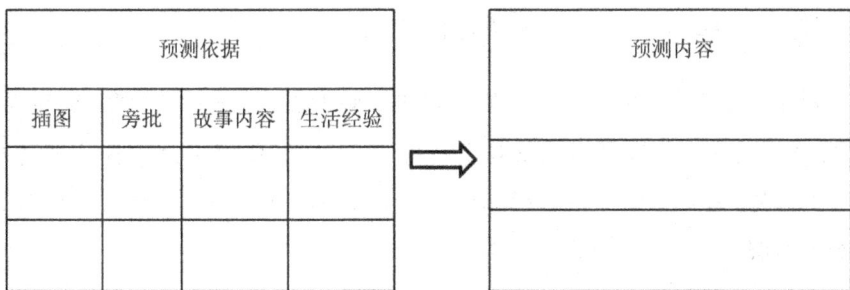

预测依据				预测内容
插图	旁批	故事内容	生活经验	

图 6-1　预测单

(四)及时反馈——处理学习信息,发挥评价驱动力

教师要在课堂中迅速判断不同类型的学习信息,并合理调整教学策略,保证学与评的一致性。张老师收集完学习信息后,对学生错误的学习信息不能简单地评判"对"或"错",而应不断进行引导,促进学生逐步达成教学目标。

片段三:

师:(教师出示"暴风雨"字词卡片)请大家齐读,老师想问问大家暴风雨是怎样的一种天气。

生:是一种很恶劣的天气。

师:怎么恶劣?

生:就是有很大的风,也有很大的雨。

师:是的,风大雨大,这种天气实在是太恶劣了,带着这种感觉再读一遍这段话。

片段四:

师:请这对同桌读一读这段话(老屋低下头,把老花眼镜使劲往前凑:"哦,是小猫啊! 好吧,我就再站一个晚上。")

生:(朗读)

师:同学们,老屋已经一百多岁了,想想到底应该怎么读这句话。

生:(朗读)

师:想想看,它已经一百多岁了,说话还这么中气十足吗?

生:(朗读)

师:读得真好!

(五)学习支架——教学为学习服务

要想促使学与教保持一致,教师首先要转变立场,站在学生的立场考虑问题,把学生的学习放在最重要的位置。张老师展示"阅读提示",提前准备好有续编内容的"信封",并且提前对"旁批"进行讲解,为学生搭建"学习支架",让教学为学习服务。

片段五:

师:同学们,现在我们一起走进这个故事,首先请一位同学读一读我们的阅读提示。

生:自由朗读课文第1~2自然段,边读边想:从哪些语句可以看出老屋的"老"?

师:非常棒!那么同学们明确要求了吗?请打开课本读一读第1—2自然段,自由朗读并思考。

片段六:

师:孩子们,已经有两个小动物寻求老屋的帮助了,对比一下这两个故事,你从段式和语言上有没有什么新的发现?

生:这两个小动物在请求老屋住的时候都很有礼貌,在和老屋好好地商量。

师:好,那再看看语言和段式上有没有什么新的发现?

生:最后都是老屋答应了它们的请求。

师:老屋说的话是怎么样的?

生:老屋说的话很慈祥。

师:老屋说了什么?

生:哦,是小猫啊!好吧,我就再站一个晚上。

师:再来看看对于老母鸡的请求,老屋是怎么说的?

生:哦,是老母鸡啊!好吧,我就再站二十一天。

师:你们有什么发现?

生:这两句的结构都差不多。

师:不光这一句相似,谁还有别的发现吗?

生:小猫和老母鸡的语言也很像,全部都是等等老屋,第一段也是全部相同的。它们都是用商量的语气和老屋说的,都说了"行吗?"。

师:语言形式相同,只是理由不一样,对不对?好,孩子们,通过你们的回答我们知道这两个故事的结构相同、语言相似,这就叫"反复"。一起读!

生:反复。

师:童话故事中经常用到这种结构,例如,我们二年级学过的《猴子种果树》,还有大家比较熟悉的《小猴子下山》等都使用了"反复"的写作手法。

片段七:

师:孩子们,故事已经读完了,小蜘蛛和老屋最后的结局会怎样呢? 你能学着张老师刚才出示的例子,把自己的想法和预测写在课文旁边吗? 注意,旁批一般比较简洁,尝试用简洁的语言完成你的预测。开始吧! 就写在课文旁边的方框里。

(教师巡视指导)

张老师在课前向学生展示阅读提示、讲解"反复"和"旁批"的核心概念,都是在为学生的学习搭建支架,不让学生漫无目的地学,但也不过度干预学生,导致产生替学现象。

四、反思——教、学、评一体化的成效

张老师说:"这次课堂教学中,学生们的学习积极性很高,不仅大部分学生达到了预定的学习目标,还有一部分学生创造了目标之外的精彩。"教学目标的达成是对教、学、评一体化理论最大的肯定。

张老师认为,在教学目标达成方面:①本节课中,学生可以根据题目、课文内容、旁批和生活常识进行预测,知道预测要有一定的依据。②通过对比阅读,理解"反复"这一写作手法,能够在实践中尝试运用预测策略。③懂得预测没有唯一答案,初步感受预测的作用和趣味。④在讲完课的集中写字环节,学生能够使用新学的字词进行组词和造句。

张老师认为,促进教、学、评一体化课堂的有效展开,需要遵循以下三点:第一,教师要重视目标的设置并提高目标确认力,制定清晰合理的教学目标;第二,教师要提高教学设计能力,应以目标为导向设计评价任务,然后围绕目标和评价任务设计教学活动;第三,教师应提高课堂调控的能力,能够灵活处理学习信息,有效地调控教、学、评一体化下的课堂生成。

五、结语

张老师认为,教、学、评一体化能够促进教学目标的实现,提高课堂教学的

有效性,最终解决"为什么教""教什么""怎么教"和"如何检测"这四个问题,以改变评价与教学"两张皮"的现象。张老师提供了一个教、学、评一体化课堂实践路径,即确定教学目标—设计评价任务—创设教学活动,并以《总也倒不了的老屋》为例,进行了教学尝试,设计出了符合教、学、评一体化的课堂教学设计,以期给实际教学提供指导。

当前张老师所在的教研组成员体验到了这种新的教学方式,也真切地感受到了教、学、评一体化理论对高效课堂建设的重要价值。教师观念的转变让学生的学习也不再浮于表面,而是真实发生。张老师她们也还在继续探索和尝试,不断总结和反思。未来,需要每一位研究者和一线教师继续关注和实践探索教、学、评一体化理论在教学中的运用。

第三节　教学指导书

一、教学目标

通过对张老师《基于教、学、评一体化理论的小学语文教学探索》这一案例的讲解和分析,我们能够了解到一线小学语文教师在教、学、评一体化理论指导下对教学设计的实践探索,进而总结经验,在该案例的启发下进行有益的探索。

(一)适用课程

本案例主要适用于《小学语文教材分析与教学设计》的教材解读和教学设计,同时适用于《小学语文课程与教学论》和《课程与教学论》课程的教学设计和前沿问题讲解。

(二)教学对象

本案例主要为小学教育专业硕士教学开发,也适用于全体教育硕士和小学教育专业本科生。

(三)具体教学目标

• 理解教、学、评一体化的内涵、逻辑理论和实践困境。

·了解教、学、评一体化在小学语文课堂教学中的作用,获得教学设计的实践经验。

·把握"逆向教学设计"和"评价与目标的对应思维"的理念,合理设置评价任务。

·体会如何分辨和处理学习信息,及时调整教学策略以驱动学生的学习。

·掌握教、学、评一体化的教学设计框架,提高教学设计能力。

二、启发思考题

·阅读本案例,你是如何看待张老师进行教学实践尝试的? 其中最突出的变化是什么?

·张老师是如何发挥评价的驱动作用,收集和处理学习信息的?

·张老师是如何进行《总也倒不了的老屋》第一课时的教学设计的? 如果你来设计这部分内容,你会遵循怎样的设计思路?

·张老师以《总也倒不了的老屋》为例的教学实践给你带来哪些启示?

·简述你对教、学、评一体化的理解和实践路径的认识。

三、分析思路

本案例分析的核心是基于张老师的主动探索行为,以此来理解教师在运用教、学、评一体化进行课堂教学实践改革的过程。案例主要围绕"为什么教(新课标的理念)""教什么(目标的确定)""怎么教(评价任务的设计)"和"如何检测(学习信息的收集和处理)"这四个问题依次展开。

四、案例分析

随着基于标准的课程改革不断深入,"教、学、评一体化"逐渐成为研究课堂教学的焦点。这不仅符合国家新课标对课堂教学评价的要求,适应教育评价范式的转换,也是促进教师评价素养的专业化发展,培养学生语文学科核心素养的重要途径。

(一)案例回顾

张老师作为一线教师具有较为丰富的教学经验,并且观摩了线下线上各种优秀课例,但在没有进行教研活动之前,还是依照自己的"经验"进行教学,没有关注和尝试运用较为前沿的教学理论。

正是因为一次教研活动的讨论,张老师尝试将教、学、评一体化理论与教学实践结合起来。她打破了传统课堂教学的壁垒,以教学目标为定盘星,评价任务为突破点,学习信息处理为着力点,设计了相应的教学框架作为教学设计的支撑点。从此,在教学目标的引领下,教师的教、学生的学和师生的评相互匹配,一以贯之。

(二)理论基础:教、学、评一体化

教、学、评一体化中的"教"指教学目标,"学"指学习结果,"评"指学习性评价,因此,教师在教学设计与实践时应凸显教学目标的引领作用、评价任务的驱动作用并有效处理学习信息。该理论是以目标为导向的教、学、评一体化的循环系统,作为一种新型的教学和评价方式,能够促进评价与学习的良性互动。它使教学评价从筛选学生转变为促进学生发展,改变传统课堂教学中教学目标未能发挥引领作用和评价与教学相分离的现象。

(三)教、学、评一体化的理论分析

1.分解课程标准

分解课程标准的目的是更好地设计教学目标,课标分解的重点是围绕行为表现(行为动词+核心概念)、行为条件和行为程度等要素展开。

2.确定教学目标

科学规范的教学目标为后续的教、学、评活动提供指导。目标引导着活动,规定活动的方向,促进教、学、评活动的一致性。

3.设计评价任务

评价任务的设计有严格的标准要求:第一,与学习目标相匹配,即应具有"评价与目标的对应思维";第二,设计的评价任务要明确、具体、可操作,并且注重其呈现方式易于学生理解;第三,运用评价任务时,要注重学生的层次性和个体差异;第四,评价任务的设计要可展开,为学生留下学习空间。

4.创设学习活动

在确定教学目标和评价任务后,教学活动的设计自然就呼之欲出了。教学

活动的设计应指向相应的教学目标,让课堂评价贯穿于教学活动中,并且教师要及时进行互动反馈,以检测学生的学习结果。

(四)张老师教学探索的分析

1. 确定教学设计框架

以往教师在教学设计时遵循"教学目标－教学活动－评价活动"的逻辑理论,这样会导致教学评价是为了"评"而"评",无法发挥评价的驱动作用。张老师所在的教研组在对教、学、评一体化理论进行探讨后,确定了"教学目标－评价任务－教学活动"的教学设计顺序,并进行了实践探索,该设计框架能够更好地围绕和检测教学目标的达成。

2. 以学习结果为导向

张老师在进行教学实践尝试过程中,以学生的学习结果为导向,从学生的课堂反馈中剖析隐藏的学习信息,并将其与预期的学习目标进行对照,判定教学目标的达成情况。及时纠正学生错误的学习信息,梳理杂乱的学习信息,讨论值得探索的学习信息,以确保课堂教学以学生的学习结果为导向。

3. 搭建学习支架

张老师在进行教学实践中为了使教学活动符合学生的认知经验,保证教和学的一致性,在引导学生写"旁批"时提前进行了讲解,但只是简单告知注意事项,并没有过多地干预学生的"学",为学生提供了学习支架。同时,在学生回答错误时没有直接给出答案,而是提供关键信息并继续追问,避免发生替学现象。

4. 反思提升

张老师捕捉到日常教学表面看似热闹,但实际课堂教学效率不高的现象后,能从目标设计、评价设计和教学环节顺序等方面进行反思,找出相应的教学策略并尝试运用在实践教学中。同时,针对实践教学中不足的地方,再次进行反思和改进,进而提高教学能力。

5. 教研组合力

Y小学中有共同研究愿望的语文教师组成了合作共同体,尝试共同对教学进行改革,以促进Y小学语文教学研究。针对课堂教学中的问题,共同提出对策,营造了浓厚的教研氛围,助推教师的专业成长。

五、课堂设计

(一)时间安排

大学标准课 4 节、共 180 分钟:布置和预习 1 节,上课讨论 1 节,课堂实践 1 节,反思总结 1 节。

(二)环节安排

提前一周利用 1 节课的时间预习《总也倒不了的老屋》这篇课文,并结合问题解决学习进行教学设计→小组讨论设计方案→研读案例→课堂分享与报告→教师点评和学生互评→设计本单元中其他内容→学生实践→教师和学生评价。

(三)人数要求

40 人以下的班级教学。

(四)教学方法

以讨论为主,以练习法、讲授为辅。

(五)组织引导

- 教师布置任务清晰,预习要求明确。
- 给学生提供必要的参考资料。
- 对学生进行教学设计、课堂教学、观点分享等必要的技能训练。
- 对学生课下的讨论予以必要的指导并给出建议。

(六)活动设计

1.提前两周布置阅读任务

阅读《义务教育语文课程标准(2022 年版)》和教材中的《总也倒不了的老屋》,同时查阅教、学、评一体化的相关文献。

2.组内讨论与交流

为每个小组提供一张小组讨论记录表,记录小组成员的发言情况和问题清单。

3. 小组汇报与分享

汇报中,每位同学做好记录并进行录像,以便提问、互动与反思。

4. 点评与指导

教师对小组的教学设计进行点评,适时地提升理论,把握教学的整体进程。

5. 总结与反思

课后各小组根据汇报的情况,及时总结和反思,进一步改进与完善案例教学。

六、要点汇总

教、学、评一体化是破解以往课堂教学存在的教、学、评割裂的问题,确保实现课堂教学目标。从张老师的实践探索中我们可以看出,要想在实践中落实教、学、评一体化,需要一致性地解决目标设置、评价任务分解和学习信息处理等环节中的问题。因此,如何促进教、学、评一体化在教学设计和课堂教学中的运用,还需要不断地进行实践探索。

在本案例的教学过程中,主要教学知识点如下。

(一)教、学、评一体化

教、学、评一体化是实现教学目标的重要路径之一,已经成为新课标所推崇的课堂教学评价理念。在教学过程中,要理解教、学、评一体化的内涵、逻辑理论和实践路径。

(二)教、学、评一体化的困难

教、学、评一体化的"教"是教学目标、"学"是学习结果、"评"是学习性评价,如何一致性地思考教学目标、学习结果和学习性评价是教、学、评一体化面临的重要问题。因此,教学目标的确定、评价任务的设计和学习信息的处理是教学的重、难点。在教学中,要结合具体教学案例,引导学生理解教、学、评一体化教学设计的困境和破解途径。

(三)教、学、评一体化的实践路径

对于教师而言,如何在自己的学科教学中运用教、学、评一体化的理论框

架,值得进一步探索。张老师基于学习和探索,从教学目标确定、评价任务设计以及学习信息处理三个角度找到突破口,对《总也倒不了的老屋》进行教学设计并予以实践。

因此,在教学中,结合张老师的探索经验,引导学生认识和理解教、学、评一体化的逻辑理论和实践路径,分析教学设计的框架,促进教学目标、评价任务和学习结果之间的一致性。

第七章

基于组块教学的小学语文教学探索与案例教学指导

第一节　背景信息

在近年的语文教学改革大浪潮中,广大的一线小学语文教师致力于教学改革,试图构建出小学语文教学新模式,不断推动语文教学向前发展。但小学语文课堂教学"高耗低效"的问题仍是无数教育专家和学者头疼的问题,他们也为之进行了众多探索和研究。其中,薛法根老师以发展学生言语智能为目的的组块教学,为教学改革提供了新思路,他潜心研制的组块教学也使小学语文教学的发展迈上新的台阶。

薛法根老师提出的组块教学强调对零散教学内容的整合,搭建综合化的版块教学实践活动,引导学生进行联结学习和自主建构,从而获得言语智能的发展和语文素养的提高。组块教学突破了传统的线性教学模式,采用版块式的教学模式,给很多小学语文教师的语文课堂教学创新提供了新思路。

巫老师基于薛法根老师的组块教学模式探索,完成了对《找春天》的教学设计,使零散的教学内容得以合理的整合、复杂的教学环节得以清晰明了。小学语文课堂与组块教学的结合是新时代提高小学语文教学质量不可忽视的研究课题。

第二节　案例正文

一、走进组块教学的契机

(一)现实的困境

自新课改推进至今,小学语文教学正沿着正确的道路前行,也取得了良好的教学成果。但不可否认的是,当前小学语文教学不断暴露出新的教学问题。巫老师也观察到了这一现状,并通过查阅相关文献发现众多学者对小学语文教学的困境进行了研究。巫老师说:"时代在不断进步,教育教学也在随之不断发展。其中,小学语文教学在取得优异教学效果的同时也不可避免地存在一些与新课改要求不相符的问题:一是教学目标流于形式,小学语文教师过度依赖于百度百科等网络资料和教参来作为教学的来源,缺少自己的思考,只是形式化的空洞教学;二是教学过程脱离实际,缺乏建构,缺少对教学环节的思考以及教学内容价值的挖掘,教学重点不突出,教学内容浮于表面,导致学生学习的效果不佳;三是语文教学长期存在的问题,即语文教师面对庞杂的课程与教学内容无从应对以及没有较好地处理语文课程内容与教材内容的关系。"面对这些不断显现的教学问题,巫老师同众多教育学者一样忧心忡忡,陷入无尽思考,想为小学语文事业尽一份绵薄之力。

(二)研究的光景

语文课程是一门实践性与综合性、工具性与人文性相统一的课程。独特的优势使其成了无数学者研究的追捧,也成就了有关小学语文教学研究的丰硕成果。巫老师在网上各种庞大的学习资料库中寻找教学资源,想要了解各类语文教学法时,被某公众号推送一篇文章吸引住,无意间接触到了薛法根老师的组块教学。巫老师说:"网络资源的便利导致大多数老师对小学语文的教学都是千篇一律的,不免出现各类问题,而教育专家和很多一线教师从自己的观点出发进行了实践和研究,众多的研究成果也让我迷了眼。就在我彷徨之际,一篇有关薛法根老师组块教学思想的文章映入我眼帘,我研读了其教学思想,观看了一些薛法根老师的教学专著和教学视频,这种'简而高效'的教学法让我耳目一新,让我产生了更深入了解组块教学的想法,对语文教学更好的发展有了美好的憧憬。"

巫老师在组块教学中发现了不一样的语文教学世界,她认为组块教学法给予了语文课堂强大的生命力,这也成为她坚定对组块教学进行进一步探索的动力。巫老师说:"语文是我从小至今最喜欢的科目,我希望语文教学的发展会在众多教育学者和一线老师的努力下发展得越来越好。为此,我也想通过对组块教学进行深入研究,从各个角度感受薛法根老师组块教学的魅力。"

二、踏入组块教学的视野

(一)组块教学的理论学习

自从决定对薛法根老师的组块教学进行钻研后,巫老师便搜集了与薛法根老师组块教学相关的书籍、期刊和论文等资料,开始了对其深入了解的过程。巫老师感叹道:"对相关资料的研读让我更加明白,任何教学新思想的产生都不是一蹴而就的,而是来源于真实的教学问题和亲身的教学实践。薛法根老师的组块教学正是如此,《螳螂捕蝉》的教学让薛老师难以对犹如'珍珠'般的教学内容进行取舍,也就在其蓦然回首间发现了以前教案中所提到的'组块设计'这一具有重大意义的词汇。1997年薛老师的脑海中出现的词汇,在1999年的公开课教学中才得以展示魅力,此后通过薛老师和一批骨干老师20多年的努力,组块教学在小学语文的教学中蓬勃发展。"

巫老师通过对薛法根老师组块教学理论的学习,对其观点进行了简要的总结。巫老师谈道:"通过研读薛老师所著的书籍和期刊,以及各类学者对其的研究和评价,持续加深了对组块教学法的了解,看到了大家对组块教学的肯定和建议,学术思想上的碰撞让我感悟到进行教学研究的意义所在。我也对薛法根老师的组块教学进行了总结,为我之后课堂实践的展开打下了坚实基础。"

首先,组块教学是什么? 薛法根老师认为,组块教学中的组块是学习者将零散的学习内容整合成一个"块"状单位记忆学习的过程。[1] 此外,小学语文组块教学是基于组块原理,将零散的教学内容整合、设计成有序的实践版块,引导儿童通过选择性学习和自主性建构,获得言语智能的充分发展和语文素养的整体提升,并建构具有组块特色的语文课程,实现语文教学的科学化。[2] 图7-1是对组块教学概念的图解。

其次,组块教学的特点是什么? 巫老师在大量阅读薛法根老师的文章和书籍以及有关组块教学的文献的基础上,将组块教学的特点归纳为"重组教学内

[1] 蔡建新.解读"组块教学"——试谈薛法根的"组块教学"[J].小学教学研究,2011(34):35-37.
[2] 薛法根.为言语智能而教——薛法根与语文组块教学[M].北京:教育科学出版社,2014.

容、设计教学版块、整合教学活动"。其一,重组教学内容。组块教学通过打破教材内容的局限,与学生的实际生活联系起来,构建了以语文核心知识、语文能力和语文问题解决为"内核"的内容版块。教师在进行语文教学时,在正确解读课标和研读教材的基础上,可以通过抓住文本内容的关键点、细化教学目标等方式来实现对散落在文本中教学内容的重组。其二,设计教学版块。组块教学以设计版块的形式来开展教学活动,使教学过程更加清晰明了。版块式的教学结构使教学过程得以有序展开,教学活动得以步步推进,教学效果得以有效落实。在一篇课文内容的教学中,通常会设计三个到五个版块,每个版块聚焦一个知识点的教学,不同的教学版块学有所获。其三,整合教学活动。教学活动的开展要求整合,主要通过在有限的教学课堂中,以对应目标整合教学活动,保证教学活动的开展一直围绕这个教学目标。此外,可根据有效思维的长度、情感体验的深度和语言训练的宽度来整合教学活动。薛法根老师自己总结道,组块教学展现了独特的"清简"之美,体现了清简、厚实、睿智的特征。

最后,组块教学对小学语文教学的意义是什么?巫老师对此总结了以下几点。第一,有利于落实语文核心素养。核心素养是如今教学领域不可忽视的热点话题。在义务教育语文新课标中,也有单独阐述核心素养的部分。其中,核心素养所提到的语言运用和组块教学"为言语智能而教"的理念是相一致的。教师通过深入挖掘语用,重组教学内容,以版块式的教学活动,使学生的语文能力得以内化并在生活中运用,促进学生实现言语智能的发展和语文核心素养的形成。第二,有利于提高教学效率。组块教学,强调对教学内容的整合,将散落的语文知识点进行重组,教师按照版块顺序,有目的有计划地展开教学,提高了教学效率,实现了高效语文课堂的建构。第三,"教课文"到"教语文"得以有效转化。组块教学"以学定教,顺学而导"的方式,重视对教材的研读,对学生语言运用能力的培养,跳出了"教课文"的怪圈,向"教语文"转变,回归了语文教学的本色。第四,有利于提高学生学习语文的兴趣。组块教学下的语文课堂不同于传统固化课堂,既能将生活实际带入教学,还能给学生个性化发展留下空间,这样可以激发学生学习语文的热情,感受语文不一样的魅力。

薛法根老师一生只做一件事,从提出语文组块教学的构想到现在已经20多年,在这期间他扎根一线课堂,对组块教学的研究从未停息,是他对小学语文组块教学的研究,才使语文展现出不一样的魅力。巫老师说:"在语文教学的传统课堂上,大多数是'线性'的教学结构,紧扣教材内容进行讲解,导致教学方式不灵活、知识汲取碎片化。而组块化教学理念的出现让这些棘手的问题获得了解决的新思路,与学生发展的新要求'不谋而合'。组块教学将零散的教学内容和贴近实际的生活内容重组在一起,按照学生的实际需要和学习规律,通过主题版块的建构进行教学,能更好地促进学生发展。"(图 7-1)

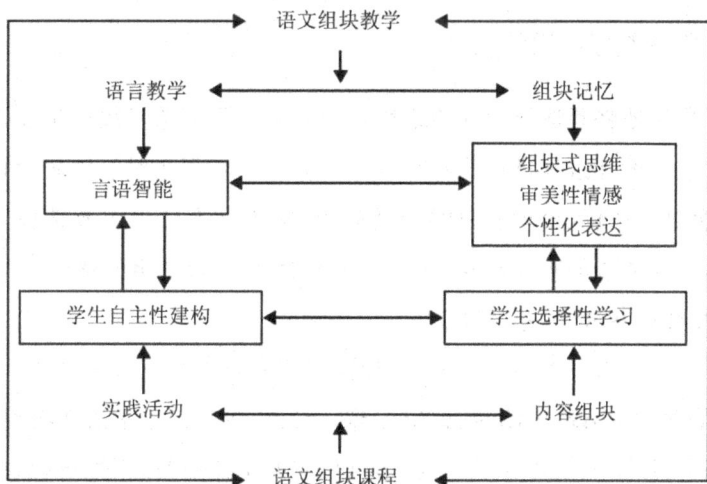

图 7-1 组块教学概念图解

(二)组块教学的理性思考

经过对薛法根老师组块教学方式的深入了解,巫老师颇受感触并说道:"通过对各类作者文献的研究,发现他们或多或少地选择了课例进行较细的研究,在研究过程中较多是围绕薛法根老师组块教学的理念、模式、策略等进行阐述,对一线小学语文教学课堂的深度挖掘较少,大多停留在较浅的层面。此外,一线教师对现成的组块教学模式盲目跟风,缺乏理性的思考。"

基于此,巫老师提出了自己对组块教学的几点思考:首先,组块教学提倡"为言语智能而教",也就是强调语文教学的工具性和实践性,忽视了语文课程中人文性和综合性的作用。其次,组块教学理论的基础是建构主义、关联主义和最近发展区,明显缺少了有关学生的认知理论和学习理论,以至于教师不能准确地判断学生目前的学习水平,也就不能选出适合学生的所教内容。最后,教师在进行版块设计时易产生僵化思维,按照固定的版块主题教学,不懂得对版块内容进行合理择取和变通,导致出现模式化。

巫老师认为,从广泛的组块教学实践来看,组块教学"版块"式的教学思维具有鲜明优势,但要注意不能生搬硬套,要在分析实际教学情况的基础上正确地做出教学设计,并在真实课堂中领悟组块教学的实践,这样小学语文教学才会持久地大放异彩。但是到底该如何理性正确地看待组块教学?到底该如何更好地设计和运用组块教学?这有待更多学者做进一步探讨。

(三)组块教学的设计思路

为了更好地将薛法根老师的组块教学运用于语文课堂教学实践,需要对组块教学的组织设计过程进行准确有效的把握。巫老师在对组块教学相关文献、书籍、专著进行研读、梳理和总结的基础上,对怎么设计组块教学进行了概括,主要包括不同文体的版块选取、一个版块的设计、串板成组的整合。

1. 不同文体的版块选取

不同文体的组块教学设计是不同的,在统编版语文教材中也展示了不同文本类型,如散文、小说、说明文、记叙文等。因此,在进行小学语文组块教学的实践时,教师要以不同文体为切入点,选取相应的文体版块,再进行相应的组块教学设计。

2. 一个版块的设计

组块教学的优势在于以版块式的教学结构把复杂的教学设计简单化。每个版块往往都有相对应的知识和能力目标,版块中的教学内容也都是围绕这些目标来编排的。一个版块的教学设计不仅要突出教学重点,还要以学生为主体开展教学活动,同时,教师还要注意每个版块之间的联系和对时间的把控。

3. 串板成组的整合

在小学语文组块教学的课堂中,每个版块并不是独立的,版块与版块之间存在不可割断的联系,想要收到良好的教学效果,则需要合理安排每个教学版块,以整体联动,使功效得到最大限度发挥。串板成组的整合有整体式、聚焦式、迁移式、递进式四种方式。

(四)《找春天》组块教学的框架设计

1. 不同文体的版块选取

《找春天》是一篇语言优美、充满童趣的散文。巫老师在确定文体并对散文的组块教学策略分析的基础上,梳理了教学重点、重组了教学内容,并围绕一个教学版块的设计体现一个教学内容、设计活动的形式要丰富的主旨,将本课的教学分为四个版块:版块一:猜字认春,揭示主题;版块二:看图识春,教学生字;版块三:词中悟春,体会情感;版块四:画里觅春,想象春景。

2. 一个版块的设计

每个教学版块都有各自的目的,巫老师在《找春天》一课中设计了四个版块,每个版块都体现其不同的意义。巫老师认为,在第一个版块的教学中,通过猜字导入,激发学生兴趣,调动学生进入状态,使其真正参与到课堂中是很重要的。在此基础上要让学生感受文字的魅力,体会文字所表达的春景。在第二个版块的教学中,通过对图片的直观感受和画面想象能加深对生字的记忆。生字是理解课文的基础,从字到词,从词到句,再从句子到文章,是循序渐进的学习过程。在第三个版块的教学中,意在引导学生认识生字的基础上,正确朗读课文,并体会到作者的写作意图和表达情感,再通过仿写,锻炼学生的语言应用能力。在第四个版块的教学中,通过文字的认识、语言的表达和春景的勾勒,让学生更能感受到文字的魅力和作者表达的情感。

3. 串板成组的整合

巫老师表示,四个版块的设计在教学内容和结构上是有层次性的,前一个版块的教学是后一个版块教学的基础,以递进式的结构呈现。首先,在文本内容的理解方面,从春字出发,初步了解春天,再通过对词句的剖析,感受作者所描绘的春天,循序渐进,由易到难,由浅入深。其次,在能力训练方面,从对教师给予信息的获取能力、看图说话能力、认字写字能力、理解课文能力再到组织语言表达能力,丝丝入扣,层层递进。

三、小学语文组块教学课堂的实践

在对薛法根老师组块教学进行学习和思考后,巫老师基于组块教学的设计思路和薛法根老师提出的组块阅读教学策略,设计了《找春天》的教学框架,根据所设计的四个教学版块开展了教学实践,进行了《找春天》两个课时的教学。

(一)版块一:猜字认春,揭示主题

巫老师表示,在组织教学时抓住关键字"春"来展开,通过"猜字"导入,以低年级学生喜欢的游戏形式展开,不仅能激发学生的兴趣,还能提高学生的注意力和观察力,并在其中渗透中国的汉字文化。

我之所以让学生去观察古文,主要是因为,2022年版新课标中强调在教学中渗透中华优秀传统文化。通过汉字本身的魅力,来激发学生的兴趣,丰富对汉字美的体验,能让学生直接感受到古人创造汉字过程中凝结的智慧,增强文化自信,坚定对汉字文化的学习,从而播下热爱祖国语言文字的情感种子。

片段一:

师:同学们,现在我们要学习新的一篇课文。那么先请大家看看这几个字(见图7-2),有认识的吗?猜猜这是哪个字?

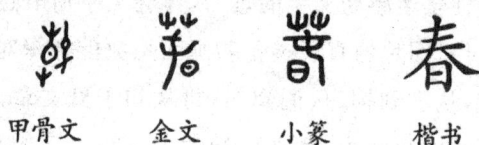

| 甲骨文 | 金文 | 小篆 | 楷书 |

图7-2 四种"春"

生:是"春"字。

师:为什么认为是"春"字呢?同学们观察到了什么?谁来说说原因?

生1:因为我看到了有"日",表示有太阳,代表着春天阳光明媚。

生2:有"小草",象征着春天万物复苏。

生3:有"小鸟",能想象到春天小鸟歌唱的情景。

师:同学们观察得很不错。这几个字都是"春"字,前三个分别是古人创造的甲骨文、金文、小篆。古人们创造的这个"春"字,老师和同学们的想法一致,它借助春天的暖阳、小鸟和小草来表现万物复苏,象征着春天的到来。中国汉字文化博大精深,每一个汉字的结构都有独特渊源。

(二)版块二:看图识春,教学生字

巫老师认为,要教低年级的学生认识生字,重要的是让学生充分感受到汉字形象的特点。借助薛老师在阅读组块教学策略中陌生文本的方法,让学生通过自主观察,初步感受生字特点的基础上,通过教师的提问来拉近与生字的距离,达到一定程度上的陌生化效果,从而感受生字特点。这里的"看图"方式,既有直观形象的PPT展示图片,也有引导学生进行想象的画面。

片段二:

师:这堂课,我们要学习"春"。那么我们能从课文中的哪些词语看出是春

天独有的呢?

生:有桃花、桃树、柳芽、杏花……

师:春天来了,同学们看到的桃花、柳芽、杏花是什么样子的呢?

(通过 PPT 展示桃花、柳芽、杏花的图片)

师:看看它们的样子,有什么特点? 是什么颜色的?

生 1:桃花的花瓣真多,颜色也很漂亮,有红色的,有粉色的。

生 2:一根枝丫上有一颗一颗的柳芽,绿绿的,可真好看。

师:同学们闭上眼睛,想象一下,春天来了,微风轻抚,柳枝和小草随风摇曳,花儿们争先夺艳,香味也弥漫开来…………

巫老师认为,关于本课中的生字,有 6 个左右结构的和 3 个上下结构的。首先,通过集中指导,引导学生自主观察其结构特点,从整体上把握规律。其次,边示范边提示书写要领,对于细节较多的字,教师要注意加强示范,要求学生把字练熟后,再书写规整。

片段三:

(老师通过 PPT 展示生字,让学生以开火车的方式进行认读)

师:同学们仔细观察生字,并给他们分分类,你觉得应该怎么分呢?

生 1:"冲、吐、柳、桃"等字是左右结构。

生 2:"寻、荡、杏"等字是上下结构。

师:现在老师来示范一下这些生字该怎么写,同学们睁大眼睛仔细看看。

(三)版块三:词中悟春,体会情感

巫老师表示,该版块是教学的重点,可以对生字进行分组认读,包括叠音词和动作词,从而扫清认识的障碍,通过语境还原感受文本表达的感情。首先,引领学生抓住叠词和动词,从而想象春天的画面。其次,引导学生正确朗读课文,读通读顺课文。最后,通过拓展练习,让学生结合自己的生活实际,进行动词填写。让学生在进行语言运用的同时,感受到作者借助动词要表达的情感。让学生通过仿写的练习,进一步体验陌生化言语的形式,并在老师的指导下内化为自身的言语智慧。

1. 分类认词

片段四:

师:(通过 PPT 再次展示生字)我们上次观察了生字的结构,那我们现在先来一起再读一读,接着一边读一边加上动作,大家有什么发现?

生:"冲、吐、荡、寻"是能做出对应动作的。

师:对,这些是动词,而桃、柳、杏是一些事物,这是名词,这些生字可以根据词性来区分。

片段五:

师:同学们,你们能找到文中体现孩子们在寻找春天时急切、开心和兴奋心情的动词吗?

生:有"脱、冲、奔、找"这些词语。

师:是的,这些动词活灵活现地表达了孩子们寻找春天的心情。这里老师给同学们一个挑战,你们能用自己知道的动词,联系生活经验,把这些句子补充完整吗?大家自由说一说。(课件展示:请在横线上填写合适的动词。①叮铃!叮铃!下课啦!小朋友们成群结队,____教材,____教室,____操场,开始做游戏了。②叮铃!叮铃!放学啦!小朋友们____书包,____教室,____队伍,准备要回家了。)

2. 正确朗读课文

例如,在教学第4~7自然段时,巫老师表示,四个疑问句凸显了作者想要表达的孩子们找到春天后的惊奇和喜悦。要正确引导学生读出疑问句的语气,同学们在二年级上学期做过相关的练习,所以这里的疑问句朗读指导,重在读好句子的重音。四个疑问句的重音分别落在"眉毛""眼睛""音符""琴声"上。

片段六:

师:同学们,我们现在来看看这几个自然段,你们发现了什么特点没?

生:都是有问号的疑问句。

师:是的,那你们知道疑问句该怎么正确地朗读吗?

生1:我知道,要有疑问的语气。

生2:还应该注重语句的重点。

师:你们都说得不错。我们要注意疑问句重音的朗读。重音不仅是加重声音,还包括很多形式,如重读、轻读、拖长等。我们现在就来感受一下吧!

师:我们来看第一句:小草从地下探出头来。那是春天的眉毛吧?一起读。

生:小草从地下探出头来。那是春天的眉毛吧?

师:这里的"眉毛"我们要轻读,用温柔绵长的声音读出来。"眉"的读音拖长,"毛"读得轻而短,尾音上扬,从而可以表现出小草随风摇曳的样子。

师:同学们,对疑问句的读法稍微清晰了吗?

生:是的。

师:那我们一起再来读一读这句话,感受春天里小草的灵动。

3.仿写句子

片段七:

师:同学们,经过前面的学习,我们已经大概掌握了文章内容,老师想让同学们再看看文章的第4~7自然段。

师:同学们知道为什么作者会这样描写春天的样子吗?

生1:这样形象生动,我们一下子就理解了。

生2:这些都是在我们生活中能看见的,所以能把春天活灵活现地展示出来。

师:同学们说得很对,这都是作者的小心思,想让我们更生动地感受春天的魅力。那老师想让同学们通过仿写来看看,你们找到的春天是什么样的。

生1:随风摇曳的垂柳,那是春天的秀发吧?

生2:漫天飞舞的蝴蝶,那是春天的发夹吧?

生3:游来游去的蝌蚪,那是春天的眼睛吧?

师:同学们仿写得很好,把春天描写得活灵活现,就和这篇课文的作者一样。

(四)版块四:画中觅春,想象春景

巫老师表示,如何对该课文的教学进行收尾和总结,让学生的学习得到升华,最初考虑过想让学生到户外去感受春天,但是通过对各种综合因素的考量后未实施。那该怎么较好地结束,以求到达良好的效果呢?巫老师想到了跨学科学习,以绘制一幅有关"春天"的画结尾,将学生的生活经历、语言运用和绘画体验相融合,从而让学生更能感受到文字的魅力和作者表达的情感。

片段八:

师:同学们,我们通过学习已经感受到了春天的美好,那我们最后拿起手中的画笔,将自己感受到的或者是想象的、自己喜欢的春天美景画下来吧!老师想看看大家心中的春天是怎样的。

生:好的。

四、反思

巫老师在完成两个课时的教学后,及时进行了复盘和反思。首先,在课下询问了一些同学的想法,同学们都给出了积极的反馈。巫老师认为,此次的课堂教学,充分调动了学生已有的生活经验,并与课文内容建立起联系,为学生的学习创造了良好的教学氛围。在教学中,也充分激发了学生的想象力,生字词的书写和仿写等练习,让学生的想象力、语文运用能力、感悟力都在一定程度上得到了锻炼。其次,巫老师也对自己的教学提了一些想法,比如多媒体的应用是否单一,仅靠PPT是否能支持学生的兴趣和注意力,是否可以考虑加入音乐或是视频的分享等。再次,巫老师认为,针对教学目标的达成做到了以下几点,较好地完成了教学目标:①在这篇课文的教学中,学生能正确、流利、有感情地朗读课文,初步感受了文本的表达特点。②能区分动词、名词,感受叠词的效果,体会字词的艺术魅力。③能借助课文和生活实际进行仿写,锻炼了语言运用能力。④了解了词句的意思,理解了课文的内容,展开了想象,体会了春天的美好,激发了对自然的热爱之情。最后,巫老师希望在以后的语文课堂中,能尽可能多地采用组块教学,不断探索不同文本类型的组块教学,不断学习一线老师的教学实践,不断打磨自己的教学方式,使得小学语文组块教学操作起来更加方便,促进小学语文教学的发展。

五、结语

巫老师从小学语文课堂教学所存在的问题出发,从"为什么走进组块教学""怎么走进组块教学""怎么设计和实施组块教学"三个方面呈现了小学语文组块教学的写作思路。在实践部分,巫老师呈现了《找春天》的教学片段。巫老师通过反思教学的实施,表示达到了预期设定的教学目标。巫老师通过对薛法根老师组块教学在小学语文课堂教学上的探索,表示组块教学通过对教学内容的重组,以版块式的教学形式呈现,优化了课堂教学结构,合理地组织了课堂教学,从而能提高语文教学的效果和效率,提升了学生的综合能力和语文素养。尽管这样的教学课堂确实达到了清晰明了的目的,学生也能积极参与并获得发展而且组块教学看似结构合理清晰,教学重点突出,容易建构和操作,但在具体实践中还是会出现一些问题,比如教学内容的重点该如何选取和把握以进行整合,怎样选取和建构组块更合理,一个版块和几个版块之间的关系等都需要考虑清楚,教师在备课时需要反复打磨和修改,做好充分预设。

第三节　教学指导书

一、教学目标

通过对《基于组块教学的小学语文教学探索》这一案例的阐述,学生能进一步清楚地认识到小学语文教学的难题以及组块教学在小学语文中的应用,获得小学语文组块教学理论和实践方面的经验。紧密结合目前语文新课标的要求,结合学情和教学实际设计新的具有可操作性的课程设计,为实现每个阶段学生的发展而努力,再加上对统编版教材的分析,重新整合语文教学内容,达到良好的教学效果,是当今语文教学中最重要的,而薛法根老师的组块教学正适合新课改的要求。

(一)适用课程

本案例适用于《小学语文教材分析与教学设计》的教材解读和案例分析;也适用于《语文学科前沿问题》《小学教育设计与实施》《小学语文课程专题教学》课程的教学设计和前沿问题讲解。

(二)教学对象

本案例适用于小学教育专硕学生、教育硕士、小学教育本科生。

(三)具体教学目标

(1)理解薛法根老师的组块教学的概念、理论基础、设计思路等。

(2)认识到组块教学在小学语文教学中的作用,了解基于组块教学的小学语文教学实践经验。

(3)以组块教学的设计理念为基础,树立版块教学设计的意识。

(4)掌握组块教学的设计思路,在确定教学目标时要关注整体的教学目标并学会合理整合教学内容,树立全局观,提高小学语文组块教学设计能力。

二、启发思考题

(1)阅读本案例,你如何看待巫老师对小学语文组块教学的探索?

(2)你初步了解了薛法根老师的组块教学法吗?谈谈你的认识。

(3)巫老师是如何设计《找春天》的教学的,你觉得巫老师的设计思路符合组块教学的理念吗?如果换作你来设计教学,你会怎么设计?

(4)从巫老师以《找春天》为例开展的小学语文组块教学设计中,你收获了什么?

三、分析思路

本案例是基于巫老师的主动探索行为,对小学语文组块教学进行的研究。主要围绕"为什么走进组块教学""怎么走进组块教学""怎么设计和实施组块教学"三个方面展开。

四、案例分析

(一)案例回顾

小学语文教学改革的发展愈演愈烈,在取得良好成果的同时,也难免会暴露不少问题,为此巫老师针对小学语文教学中所存在的问题进行了探索,并在机缘巧合之下,了解到薛法根老师的组块教学并对其进行了研究。

巫老师怀着对未来小学语文教学更好发展的憧憬,走进了薛法根老师的组块教学。在理论和实践学习的基础上,巫老师对组块教学的概念、特点等进行了总结,谈到了组块教学对如今小学语文教学发展的意义,并对组块教学进行了理性的思考,提出了自己的困惑。此外,还总结了组块教学的"不同文体的版块选取、一个版块的设计、串板成组的整合"这一设计思路,基于此设计了《找春天》的教学框架并进行了实践。从此,走上小学语文组块教学的探索之路。

(二)理论基础:"组块教学"

1999 年"组块设计"出现在薛法根老师的脑海中,此后便开始对组块教学进行了研究,通过学习多种教育教学理论,进一步说明了组块教学的含义,并从遵循语文学科的特点以及学生对汉语学习的规律出发,基于心理学的"组块"原理,提出了"小学语文组块教学"的构想,进行了 20 多年的教学实践。组块教学应用于小学语文教学中,旨在解决"教什么""怎么教""教得怎样"三个核心问题。

(三)组块教学理论的分析

组块教学不仅关注课本内容的阅读价值,还关注对课本内容的价值,只有对教材的课本内容进行深度挖掘,才能对教学内容进行有效的整合和编排。组块教学的版块结构设计是小学语文组块教学的突出特点,"版块式"的教学活动,将零散的教学内容与学生碎片化的生活与语文经验相联结。对于教师而言,将语文知识和学情等进行重组和整合,以版块化的方式呈现教学活动,是教师个人教学智慧的体现和锻炼。对于学生而言,版块化的语文教学,整合了学生的认知结构,扩大了学生的记忆容量,促进了学生语文素养的整体发展。由此,语文学科的本质得以回归,语文教学的科学化得以发展。

(四)巫老师教学探索的分析

1. 比照联想

薛老师指出语文的学习是理解与感悟的过程,也就是比照与联想的过程。以语言教学为核心的比照联想对于阅读教学是十分重要的。比照联想,核心就是发现事物之间的内在联系,从而深入比较、丰富联想,将语言文字的内涵与形式理解透彻、领悟到位。[1] 巫老师在《找春天》的教学中,让学生在理解课文的基础上,感悟作者表达的感情,并充分激发学生的想象力,让教学效果最大化。

2. 陌生文本

课文中的文本语言,学生们在初学时都能够读懂,倘若老师追问,为什么要这样写? 为什么这样表达? 其中的言外之意是什么? 这会让学生不禁产生疑惑,这就是将熟悉的文本变陌生。巫老师在进行《找春天》的教学时,也应用了陌生文本这一点,在第 4~7 自然段的疑问句教学中,在学生初步理解的基础上追问学生并让学生进行仿写,使学生获得了深刻的教学体验。

3. 学生主体

小学语文组块教学,要以教师为主导,以学生为主体,只有让学生在教学活

---

[1] 薛法根.为言语智能而教——薛法根与语文组块教学[M].北京:教育科学出版社,2014.

动中充分展现在自己,才能取得良好的教学效果。巫老师在《找春天》的教学中,充分调动学生的兴趣点和注意力,通过猜字、看图、仿句等形式,把学生的感受放在教学中心,并通过提问的形式,引导学生的表达和交流。

4.语境还原

在《找春天》的教学中,巫老师以图片、字词、仿写的形式引导学生想象,再现并进入了作者所描绘的春的世界,激活了学生的兴趣体验,唤起了学生的生活经验,实现了语境还原。

五、课堂设计

(一)时间安排

大学标准课 4 节、共 180 分钟:布置和预习 1 节,上课讨论 1 节,课堂实践 1 节,反思总结 1 节。

(二)环节安排

提前一周利用 1 节课的时间预习《找春天》这篇课文,并结合问题解决学习进行教学设计→小组讨论设计方案→研读案例→课堂分享与报告→教师点评和学生互评→设计本单元中其他内容→学生实践→教师和学生评价。

(三)人数要求

40 人以下的班级教学。

(四)教学方法

以讨论为主,以练习法、讲授为辅。

(五)组织引导

(1)教师布置任务清晰,预习要求明确。

(2)给学生提供必要的参考资料。

(3)对学生进行教学设计、课堂教学、观点分享等必要的技能训练。

(4)对学生课下的讨论予以必要的指导并给出建议。

(六)活动设计

1. 提前两周布置阅读任务

阅读《义务教育语文课程标准(2022年版)》和教材中的《找春天》,同时查阅小学语文组块教学等相关文献。

2. 组内讨论与交流

为每个小组提供一张小组讨论记录表,记录小组成员的发言情况和问题清单。

3. 小组汇报与分享

汇报中,每位同学做好记录并进行录像,以便提问、互动与反思。

4. 点评与指导

教师对小组的教学设计进行点评,适时地提升理论,把握教学的整体进程。

5. 总结与反思

课后各小组根据汇报的情况,及时总结和反思,进一步改进与完善案例教学。

六、要点汇总

组块教学顺应了语文课程改革的要求,与新课标的理念相一致,是小学语文教学研究不可忽视的新方向。从巫老师的教学探索可以看出,要在小学语文课堂上真正落实组块教学,使其功效得到良好的发挥,不仅需要充分了解组块教学的理论,还要在此基础上有理性的思考,不能拘泥于固有的教学模式和实施策略,而是要在符合教学需要和实际的基础上进行创新。因此,一线小学语文教师到底该如何理性学习组块教学? 如何打破固有的僵化思维? 如何设计出符合实际需要的组块教学框架? 这都需要进一步的探讨。

因此,在本案例的教学过程中,主要教学知识点如下所示:

(一)"组块教学"

小学语文组块教学是新时代顺应教学改革值得重视的研究领域。在教学过程中,学生要从对"组块教学"的初步理解,深入"组块教学"的版块设计中,掌握小学语文组块教学不同文体的设计思路,以便语文教学活动的展开。

（二）"组块教学"的痛点

"组块教学"是通过组块设计来开展教学活动，而现有的研究中已经形成了一些固有的教学版块，这就成为新的教学痛点。不少教师在对教学内容进行版块设计时直接照搬，缺乏理性的思考和自己的创新，这便会促长模式化的教学，遏制小学语文教学的良好发展。

尚梦珂等学者，在研究了小学语文组块教学后，也对其进行了理性的审视，从版块目标的实现、人文性的补足、关注生命化的课堂等方面提出了完善组块教学的建议。因此，在教学中要结合案例，引导学生理解和消除"组块教学"的痛点。

（三）"小学语文组块教学"的设计与实施

吴忠豪、成尚荣、刘艳等学者也通过对组块教学案例、实践等方面的研究，对小学语文的组块教学设计进行了总结，就如吴忠豪指出：语文课应该遵循学生的认识规律，按照"认识—实践—迁移"的顺序来设计教学流程。❶ 对于一线教师而言，在借鉴学者们的教学设计思路的同时要体现出自己的思想，以适用于自己的教学课堂。巫老师基于对组块教学的学习和探索，设计了组块教学思路，并通过《找春天》一文探索了小学语文组块教学的实践。

因此，在教学中结合巫老师的探索历程，要引导学生在充分理解"组块教学"的基础上，实现小学语文组块教学的新发展。

---

❶ 吴忠豪. 从"教过"到"学会"——再谈语文课的教学流程设计[J]. 教学月刊：小学版（语文），2014（9）：8-10.

第八章
基于学习任务群的小学语文整本书阅读教学的探索与案例教学指导

第一节　背景信息

"语文学习任务群"以学习任务为导向,以学习项目为载体,整合了学习情境、学习内容、学习方法和学习资源,引导学生在运用语言的过程中提升语文素养,"学习任务群"以自主、合作、探究性学习为主要学习方式,凸显了学生学习语文的路径。这是《普通高中语文课程标准(2017年版)》对语文学习任务群做出的可操作性定义,"学习任务群"最终想要达到的效果是一种综合性结果,是追求语言、知识、技能、思想情感和文化修养等多方面、多层次目标发展的综合效果。《义务教育语文课程标准(2022年版)》中关于整本书阅读的要求延续了之前的课标要求:"倡导少做题、多读书、好读书、读好书、读整本书,注重阅读引导,培养读书兴趣,提高读书品味。"不同的是,新课标中将整本书阅读作为阅读与鉴赏版块中的一个目标单独提出,这说明在义务教育阶段整本书阅读被放在了重要的阅读教学位置,在总体目标的阅读与鉴赏部分,课标明确提出,"每学年阅读两三部名著,探索个性化的阅读方法,分享阅读感受,开展专题探究,构建整本书的阅读经验。感受经典名著的艺术魅力,丰富自己的精神世界"。并且,《义务教育语文课程标准(2022年版)》中也渗透了"学习任务群"的思想,课标中明确指出:"义务教育语文课程内容主要以学习任务群组织与呈现。"并将任务群分为三种类型:基础型学习任务群、发展型学习任务群以及拓展型学习任务群。整本书阅读作为"拓展型学习任务群"的首个任务群,课标对义务教育阶段的学生提出了具体要求。从义务教育阶段的整本书阅读学习任务群和高中语文阶段的整本书阅读学习任务群中我们可以看出教育的阶段性和连续性,义务教育阶段的整本书阅读要求为高中阶段的整本书阅读提供了基础和保障。

杨老师的一次有益尝试将语文学习任务群与整本书阅读教学相结合,此次尝试是针对《安徒生童话》这本书,依据语文核心素养,通过设计语文学习任务群落实语文要素。这次教学尝试为小学阶段整本书阅读提供了极具实践意义和理论意义的案例研究素材。

第二节　案例正文

一、"现实"的冲击

(一)兴趣不高

大数据是一把"双刃剑",它为我们提供了便捷的查询信息的手段,使我们可以在短时间内获取自己想要的信息并且随时了解时事新闻,信息化时代的来临使我们的阅读媒介发生了巨大改变,新媒体技术、大数据以及电子阅览等使碎片化阅读和快餐化阅读变得越来越习以为常,我们往往利用生活中的碎片时间简短地读一两篇文章。各种公众号、订阅号不断增多,它们推送的都是一些单篇短章或者一些书评等,我们逐渐习惯了这种快速阅读,以至于我们没有整段的时间去静下来阅读一整本书,于是我们渐渐不习惯花费大量时间做沉浸式阅读,对于成年人如此,那对于处在小学阶段的学生更是如此。杨老师说:"现在的电子设备发展太快了,大部分小学生回到家里后,家长会允许孩子在完成作业之后看电视、手机、平板等电子设备,导致大多数学生的课余生活被娱乐设备占用而缺乏读书的习惯,更别提读完一整本书了。"

(二)"毫无章法"

课堂上学生在学习单篇短章样式的课文时,教师往往教授学生一些适用于篇章阅读的方式,这些阅读方式大多适用于单篇短章样式的精读课文,这训练了学生精细阅读的能力,精读方法的掌握为学生从篇章阅读过渡到整本书阅读奠定了一定的基础,但篇章阅读能力的培养难以使学生无缝对接整本书阅读。因文本容量有差别,阅读单篇文章时学生可以放慢阅读节奏,阅读方式比较单一,而整本书阅读因内容较多,主旨内容丰富,能为学生提供多维度探究的平台,帮助读者建构阅读各类文本的策略,阅读时往往需要依据具体的阅读实际调整阅读速度,采取不同的阅读策略,例如,默读、出声读、略读、精读、跳读、回读等方式。杨老师说:"读整本的书需要一定的阅读能力,一个小学生想要读完一本书,他们得学会如何读整本书,但是我们大多数的教学时间都在进行单篇课文的教学,一篇课文的学习往往是精讲、细讲,并且大部分单篇课文字数都不太多,很少会遇到大量文字的阅读,所以学生习惯去读字数少的文章,这就会使学生在遇到大量文字的阅读时变得束手无措,不知从何下手,也会使他们在看惯了短文章后忽然看长文章时失去耐心。"

(三)缺少时间

教育改革已经喊了很多年,但是现在的教育最终的评价标准依旧是考试,那么在以应试教育为主的现代教育中,我们的教学目标往往是将考试内容作为最终目标,对于如何评价学生学会了一个知识点,现在的教学评价是以学生在考试中考到了 90 分以上为标准来衡量,所以这样看起来,课堂上教师不重视整本书阅读的教学也"情有可原"了。回归教育的本质问题,我们到底要培养什么样的人呢? 就阅读这一方面来说,我们要培养的是终身的阅读者,终身的学习者。这一问题在小学课堂中也有所体现,杨老师说:"让小学生阅读整本书往往是作为课外阅读落实的,课上的教学内容通常不会涉及课外阅读,但是部编版小学教材中有'快乐读书吧'这一版块,我通常会根据教材推荐的阅读书目设计导读课,通过导读课去激发学生的兴趣,让学生能够在课外进行真正的阅读,但有的学生家长会将一些特长兴趣班安排在课后,我有点担心课外阅读的质量。"

在听过一次关于语文学习任务群的讲座后,杨老师有了新的思考,将语文学习任务群与整本书结合起来,这或许会成为促进小学生整本书阅读的一个有效办法,于是在认真研读了关于"学习任务群"的相关文章和课标之后,杨老师认为:"想要将'学习任务群'与整本书阅读相结合,首先要了解'学习任务群'的基本理念,我发现通过学习任务可以激发起学生的阅读内驱力,'学习任务群'所提倡的情境性、综合性、实践性可以将学生代入真实的情境中,通过情境进行语文实践活动,在活动中培养学生的语文学科核心素养;其次,想让小学生能够阅读完整的一本书,我们就要激发起他们的读书兴趣,那'学习任务群'中的导读课设计就可以吸引学生的阅读兴趣,再通过一个个阅读任务的完成,激发学生持续阅读的兴趣;最后,我们要在这一个阅读过程中设计一些过程性评价,'学习任务群'就可以帮助我们通过设计读书会、交流分享会、戏剧节等评价任务激发学生积极参与阅读的热情。"

二、突破困难

在确定将"学习任务群"与整本书阅读教学相互融合之后,问题出现了,杨老师不断思考:"学习任务群"的情境性该如何融入学习活动中呢?学生的学习内容和任务目标应该怎么设计?既然整本书阅读强调的是"综合运用多种方法阅读整本书",那么我们应该如何让学生综合运用呢?学生读完整本书之后,我们应该如何制定评价任务呢?怎样让学生获取优质的学习资源呢?为了能够取得突破,杨老师以三年级上册第三单元的推荐书目《安徒生童话》为例进行探索。

(一)情境与生活

"学习任务群"强调要在真实的语文情境中进行语文实践活动,杨老师指出:"在整本书阅读中主要可以设置三种情境,第一种是真实的情境,这种情境创设强调要在学生真实生活的世界创设情境,情境必须是现实生活中的,例如在《安徒生童话》这本书中我们在阅读《老头子做的事总是对的》之前可以组织一次市场调查活动,让学生们通过实地调查掌握市场上各种商品的价格,从而在童话中体验老头子换物品的经历。第二种是可能的真实,这种情境是学生在生活中可能会遇到的问题,其中遇到的对象是真实的,只不过遇到的事情是可能会发生的,例如在读完《丑小鸭》这一则童话时,学生是不是可以体会到嘲笑别人所带来的情感?在现实生活中倘若真的遇到了喜欢嘲笑别人的人我们应该如何做呢?第三种是虚拟的真实,这种真实的情境指的是采用童话中的情境,让学生扮演其中的角色,进入场景就成了真实的,我们通常采用情景剧或者故事剧的形式进行,这种方式是比较普遍且有趣的,例如在《拇指姑娘》中,我们可以通过创设情境,让学生扮演拇指姑娘体会她在遇到癞蛤蟆、金龟子、鼹鼠时所遇到的困难,通过故事剧的形式让学生解决拇指姑娘面对的困难。"

这几种情境任务可以让学生真实地感受童话故事中蕴含的道理,让学生在有意思的任务活动情境中进行整本书阅读。

（二）内容与目标

学习内容的确定也就是确定教学目标，那么基于"学习任务群"来说就是要确定任务目标，没有目标的"学习任务群"是盲目的、没有意义的。那么如何设计目标呢？目标又应该包括哪些内容呢？杨老师认为："任务目标要从课程标准、语文学科核心素养、教材中有关阅读的提示以及学情这四方面来考虑。首先，课标中对整本书阅读这个任务群提出了具体要求：'引导学生在语文实践活动中，根据阅读目的和兴趣选择合适的图书，制订阅读计划，综合运用多种方法阅读整本书，借助多种方式分享阅读心得，交流研讨阅读中的问题，积累整本书阅读经验，养成良好的阅读习惯，提高整体认知能力，丰富精神世界。'此外，课标还对具体年龄阶段的儿童提出要求，对第二学段（3～4 年级）的学生来说，要'阅读儿童文学名著，感受作品传达的真善美，用自己喜欢的方式讲述故事大意'，这些要求的提出都要合理地落实在'学习任务群'的任务目标中。其次，语文核心素养所提出的文化自信、语言运用、思维能力和审美创造这四大核心素养要引领任务目标的指定。再次，教材中本单元所提出的语文要素：①感受童话丰富的想象；②试着自己编童话，写童话；以及编者对如何阅读整本童话设置的两个策略：①童话世界无奇不有，在阅读时，只有发挥想象，才能真正领略童话的魅力；②我们可以把自己想象成童话中的主人公，和故事中的人物一起欢笑一起悲伤。这些教辅资料的提示也有助于我们制定合理的任务目标。最后，我们要考虑《安徒生童话》这本书是面向三年级的学生，三年级的学生是学生阅读能力发展的关键时期，这一时期如果学会了默读，阅读速度会有大幅提升，为后期取得良好的学业成绩打下基础。我们任务目标的确定就是根据以上这几方面来制定的。"

陈老师补充道："任务目标的确定毫无疑问是一个非常重要的环节，我认为在设定目标时我们还应该考虑从课后习题中去落实任务目标，就整本书阅读来说，三年级上册第三单元'快乐读书吧'中'你读过吗'和'相信你还可以读更多'这两部分可以激发学生阅读兴趣，让学生积极探索阅读中的奥秘。我们可以将这些也纳入任务目标中，通过'学习任务群'去落实。"

这样设计任务目标的依据就在教师们的讨论中确定下来了。

那么基于设计任务目标的依据，我们的任务目标就此确定：①能用一周左右的时间读完《安徒生童话》。②了解故事中的人物，能厘清基本的人物关系。③能够复述大致情节。④边读边想象，感受童话的奇妙。⑤有自己的感悟或疑问，能够根据借鉴童话的写法创编童话。

（三）方法的运用

"学习任务群"强调要让学生从静态的知识学习转变为动态的语文实践，落实到整本书阅读上来说就是要让学生将学会的阅读方法综合运用到整本书阅读中。杨老师说道："新版课标要求整本书阅读教学应该以学生自主阅读活动为主，引导学生了解阅读的多种策略，运用浏览、略读、精读等不同阅读方法。那我们在实际教学中该如何落实是需要深入思考的问题，其实这个问题在统编版小学语文教材刚出版的时候我们就注意到了，想要将'三位一体'的阅读理念融入整本书阅读中，要在教育教学中就注意这一问题，明确区分精读和略读的区别，精读的功能是给例子，给方法，举一反三，激发读书的兴趣，略读课文是需要让学生自己读，把精读课文学到的方法运用到略读课文中，自己体会，让学生进行自主性的泛读。当然，在课文中还会出现一些预测、提问、有目的地阅读等策略，学生学完这些策略后能用到整本书阅读中是需要过程的。其实在《安徒生童话》中我们就可以采用预测的方法让学生只阅读一篇童话的前面，然后预测故事的后续，有理有据地进行预测，体会童话故事的乐趣，激发其读书的兴趣。"

（四）评价与反馈

在确定完任务的目标、原则以及形式之后，我们就要开始实施了，杨老师开始思考如何进行任务群的评价才能够将教学中的实施与学生的学习过程进行反馈。教研组的教师纷纷提出自己的看法，杨老师率先指出："课标中对 3—4 年级学生的阅读能力提出了相应的要求，并且在学业质量描述中有所体现，'要使学生能够结合关键词句解释作品中人物的行为，从某个角度分析和评价人物'，对此，我们可以通过任务单促使任务完成，收集并检查每个学生的任务单，根据任务单的填写了解学生对这本书阅读的层次与程度，任务单要与上交的相关材料结合才能全面了解学生的阅读情况。也可以举行课内小组汇报，针对汇报内容进行讨论以了解学生的阅读程度。此外，还可以开展一些关于整本书阅读知识的竞赛活动或者开展戏剧表演让学生理解人物角色,感受人物性格,理解故事情节与知识等。"

李老师补充道:"要想真正地评价学生,可以通过试题的形式进行测评,但是由于学生比较厌烦考试形式,考试往往会降低学生的积极性,消磨学生的学习兴趣,那么我们想要推进整本书阅读,最好将考试这种测评环节换一种叫法,换一种形式进行,考试主要是以试题为主,那么我们就不从一道一道的客观题出发,可以采用主观问题的形式进行测试,题目的答案不做统一规定,言之有理即可,并且不单独拿出固定时间进行测试,测试放在课后或者课外,学生可以通过查资料等形式进行主观问题的回答。"

(五)资源的获取

杨老师认为:"学习资源的获取要根据读书活动的实际需要推进,合理推荐和利用适宜的学习资源可以激发学生的阅读兴趣,丰富阅读体验,拓宽阅读视野。通过扩展阅读的书目、参考的资料,以及相关音频视频等为学生提供与整本书阅读相关的信息,引导学生通过借助互联网进行信息的获取,为学生扩展学习的空间。整本书阅读中往往会涉及国外的文学常识或者文化背景,这时就需要通过学习资源获取相应的知识,通过一个个知识的探索,学生会构建起自己的知识体系,这些内容终将会内化在学生的文化底蕴中。"

至此,教研组将"学习任务群"几大步骤的标准及要求进行确认和整理。

三、落实任务

(一)解读文本:感受文学魅力

为了更好地落实《安徒生童话》这本书的整本书阅读教学,杨老师带领教研组的老师对《安徒生童话》分别进行了文本的解读和教辅教参的解读。

1.《安徒生童话》文本解读

《安徒生童话》是丹麦作家安徒生创作的童话集,共160余篇。安徒生借助这些童话故事热情歌颂了劳动人民,赞美了他们的善良和纯洁;同时也无情地揭露了社会的黑暗和金钱支配一切的罪恶,讽刺统治阶级的专横愚昧,反映了社会上巨大的贫富差距。杨老师指出:"儿童的语言跟成人的语言有所不同,首先,他们的语言往往是不加修饰、颠三倒四的,有时候甚至是混乱的,安徒生在写作时会模仿儿童的口语错误,这些口语错误不会使儿童读起来费劲,因为这是用儿童的语言进行的写作。比如,在《夜莺》中有一段这样的描写,'祖母知道许多事情,因为他在爸爸和妈妈没有生出来以前,早就是活着的',这句话看来不免有些颠三倒四、思绪混乱,在成人的语言世界中,这些错误几乎是不可饶恕的,但安徒生却将它们用合理的方式表达出来。其次,儿童的语言中经常出现重复性表达,这些重复性表达也在安徒生的文字里有所体现。比如,《小克劳斯和大克劳斯》中描写妇女与牧师的关系时,短短几百字采用了四个"因为",除了第一处的因为与上文直接有因果关系外,其他三处即使省去也不会影响整段文字意思的表达,但安徒生认为,这些重复性文字的出现可以使这段暧昧的文字变得趣味横生,让人忍俊不禁,这也符合孩子不断重复一个词或一个句子的儿童话语特征。"

安徒生就像掌握了某种规律,运用多余的语言来完成孩子似的写作,又保证了文章的规范性与通畅性。对于这个问题,安徒生曾表示:"在进行童话故事描写时,我仿佛看到一个幼小的儿童在倾听,因此我需要将写作语气尽量放缓,尽量用他能理解的方式表达。"❶在《安徒生童话》中,有大部分作品采用孩子式的语气描写,这也是他的写作特点之一。与此同时,世界各个地区、各个国度的儿童都在细心聆听安徒生所写的童话故事,这也证明他的作品深受儿童的喜爱。

张老师从另一个角度进行了解读:"随着年龄的增长,《安徒生童话》会带给我们不同的感受,它不仅会在幼儿时期给我们带来警示与指导,而且在我们中年时期甚至老年时期,也可以拿出来回味。这些天真烂漫的童话故事和写作语气,包含着作者对人生的感悟,即便在很多成年人看来不切实际的梦境中,作者通过对各种故事情节的展开,让我们看到了他想象中美好而又梦幻的世界,这个世界中没有社会黑暗,没有被金钱支配的一切,也没有统治阶级的专横愚昧。在一次又一次的重读中,我们可以感受到安徒生对于人生有着极其深邃的理解与思考。例如,在《海的女儿》这一作品中,儿童通常会看到为了爱情奋不顾身

---

❶ 张新敏.有一种童话叫作"不朽"——读《安徒生童话》[J].新纪实,2021(14):53.

的勇敢,而长大后再进行复读,才发现它有着与其他童话故事截然不同的女性视角,小美人鱼为了追求理想的生活与精神的富足,通过自己不顾一切的努力,最终为自己做出的选择付出了代价。现在重读《海的女儿》我发现它在爱情童话故事的外壳下,潜藏着一个女孩不断进行选择、不断探索希望、不断完成梦想,最终对自己的选择负责,获得重生的文学故事。"

这本书带给我们的思考还有很多,老师们都有很多想法,但大家都认为《安徒生童话》这本书是在作者安徒生细心勾勒的理想世界中,高举理想主义大旗,宣扬着从现实生活中提取的辩证理念以及深刻的行为观念,大肆宣扬哲学之美,讴歌人性的美德。

2.《安徒生童话》教辅教参解读

教研组对教辅教参进行分析解读时,陈老师率先说道:"三年级上册第三单元的语文要素是:①感受童话丰富的想象。②试着自己编童话,写童话。这两个语文要素分别对应着阅读的要求和写作的要求,这些要求是我们最终将整本书阅读教学落实到位的重要基础。"

李老师补充道:"'快乐读书吧'是部编版教材中新纳入的一个版块,这个版块的设置是为了落实课标中关于阅读的要求,课标中对阅读提出了具体的建议:具有独立的阅读能力,学会运用多种阅读方法。三年级上册第三单元的'快乐读书吧'以'在那奇妙的王国里'为主题,引导学生阅读中外经典童话,这是在二年级上册'快乐读书吧'读童话故事和本册'童话'单元基础上的提升,教材在第三单元第一课选择《安徒生童话》中《卖火柴的小女孩》这一童话故事作为单元的导读课,这为后面继续开展整本书阅读打下了基础。"

最后,杨老师提道:"在本单元的'快乐读书吧'中编者对如何阅读整本童话书提供了两个策略:①童话世界无奇不有,阅读时,只有发挥想象,才能真正领略童话的魅力。②我们可以把自己想象成童话中的主人公,和故事中的人物一起欢笑一起悲伤。"

(二)制定目标:明确教学任务

基于以上的文本解读和任务,教研组确定了任务目标:

(1)能用一周左右的时间读完《安徒生童话》。

(2)了解故事的人物,能厘清基本的人物关系。

(3)能够复述大致情节。

(4)边读边想象,感受童话的奇妙。

(5)有自己的感悟或疑问,能够根据借鉴童话写法创编童话。

(三)实施任务:落实核心素养

在实施环节,杨老师认为:"我们应该根据一定的任务设计原则和适合三年级学生的任务形式设计任务群,'语文学习任务群'的特征是情境性、实践性和综合性,我们为什么要设计任务来进行整本书的教学呢?因为任务可以帮助学生从真实情境出发,通过融入角色去理解故事中主人公的情感,所以第一个原则应该是:融入角色引起共鸣——共鸣性原则。其次,我们不能将任务设置成学生都会的任务,学生都会的东西我们没有必要教,这种任务没有教育意义,我们要教的是学生不会但他们想要学会的东西,那么我们就可以根据维果茨基的最近发展区理论去设置学生感兴趣并且符合'跳一跳够到桃'的任务,所以第二个原则应该是:设置具有一定挑战性的任务——挑战性原则。最后,语文学科要培养学生用语文做事的习惯,那么什么是用语文做事呢?学生可以利用语文学科中学习的知识做成事,例如我们读完《安徒生童话》之后能够理解被嘲笑的心情,若是在学校中看到有人嘲笑别人时能够联想到这种被嘲笑的心情,然后主动伸出援助之手,所以第三个原则应该是:用语文做事——语文学科性原则。"

王老师在听完杨老师的发言后,补充道:"既然'语文学习任务群'的特征是情境性、实践性和综合性,杨老师的原则一和原则三分别落实了情境性和实践性,那么我们在进行任务设计时也应该满足综合性,在整本书阅读中,我们的任务设计要考虑到每一个任务不是独立的,任务与任务之间应该是相互联系、相互关联的整体,任务群是由一个个大任务组成的,大任务又是由一个个小任务组成的,所有任务应该关联起来,分别落实到学生阅读应该掌握的方方面面,例如阅读方法、阅读经验、阅读习惯、阅读鉴赏能力等,所以第四个原则是:整合成任务群——综合性原则。"

任务设计原则明确了之后,要思考符合小学阶段的任务形式有哪些,杨老师指出:"想要找到适合小学阶段的任务形式,首先我们应该了解三年级学生的身心发展特点,根据皮亚杰的认知发展理论,9岁左右的儿童处于具体运算阶段,在这一阶段,儿童的认知结构已经发生了重组和改善,思维开始具有可逆性,能够掌握守恒、分类、顺序排列、运算等技能,思维具有完整性和逻辑性。那么我们就可以采用思维导图的形式帮助学生梳理故事情节,思维导图可以帮助学生把书中零散的语言转换为清晰的直观的图式。此外,阅读方式型的任务形式也适用于三年级学生,根据文本的不同选择精读、略读、浏览等不同形式的阅读方式。通过问题引导也是一种可以采用的任务形式,我们通过一个或几个问题,让学生围绕问题进行交流讨论,在这个过程中教师也可以进行过程性评价。活动式的任务形式也适合于小学生,例如开展一些剧本创作表演、读书交流会等,通过活动激发学生的阅读兴趣与热情。"

基于"学习任务群"的整本书阅读,杨老师指出:"整本书的阅读教学要从学生读书前、读书中和读书后这三个时间段进行,于是我们的任务群设计就从'走进童话王国,组织导读活动''打卡完成每一站,激励学生持续阅读'和'抵达终点回顾总结,解锁下一个童话王国'这三个任务群进行。"

1.任务一:走进童话王国,组织导读活动

在经过一次又一次的教研讨论之后,教研组老师确定了学习任务一:

(1)从书的封面中我们可以获取哪些信息?(书名、作者、插图作者、出版社等)。

(2)了解安徒生的成长经历,知道著作类别,从目录中提取著作的主要内容。

(3)制订阅读计划,做好阅读记录(通过制定表格来实现)。

根据以上学习任务教研组制定了学习任务一的清单,见表8-1和表8-2。

表8-1　阅读任务单

阅读任务单:书籍信息获取任务		
封面信息	书名	
	作者	
	出版社	
目录	作品类型	
	主要内容	

表 8-2　阅读记录表

阅读记录表：阅读计划执行				
阅读目标：(一天读多少页/几个故事)				
阅读进度				
日期	阅读内容(或页数)	阅读时长	阅读方式	备忘录
4月6日	故事名(或1~5页)	30min	精读	若当天没读写明原因

片段一：

师：同学们，我们今天要搭上童话故事的列车，一起去看一看童话故事中的优美风景，我们将会路过三个站点，在完成了每一个站点的学习任务后我们将成功抵达童话王国的终点，解锁另一个童话王国。我们一起来拿起手中的书，观察一下封面，看看它告诉我们了什么信息。

生1：有图片、书名、作者。

生2：还有出版社、编者。

师：既然同学们发现了这么多信息，那我们一起来填写一下阅读任务单吧！将"封面信息"一栏填写完整。

(学生填写完成"封面信息")

师：那我们翻开书中的目录，看看目录能带给我们什么信息。

学生填写的阅读任务单如图8-1所示。

阅读任务单：书籍信息获取任务		
封面信息	书名	《安徒生童话》
	作者	安徒生
	出版社	人民教育出版社
目录	作品类型	童话
	主要内容	11个故事

图 8-1　学生填写的阅读任务单

导读课不仅要帮助学生从书中获取简单的信息，还要帮助学生确立阅读计划，引起学生的阅读兴趣。杨老师说："《安徒生童话》选用的是人民教育出版社、曹文轩、陈先云主编的快乐读书吧·名著阅读课程化丛书，这本书中的目录分为三大部分，分别是第一部分《丑小鸭》《拇指姑娘》《坚定的锡兵》和《野天鹅》；第二部分《祖母》《雏菊》以及《小意达的花儿》；第三部分《老头子做的事总是对的》《蜗牛和玫瑰树》《亚麻》和《枞树》。这节导读课主要是进行第一部分的阅读兴趣引导,我们在上导读课时出示《丑小鸭》《拇指姑娘》《坚定的锡兵》《野天鹅》的图片,大部分学生可能在以前听故事时已经了解了一些《安徒生童话》中的经典故事,在这个环节让学生结合已有经验通过玩"连连看"的游戏将图片与故事名称相结合。随后准备一段《丑小鸭》的动画片片段,让学生在观看动画片片段后进行默读,边读边想象,补充动画片中没有展示出来的情节,教师通过展示思维导图来展现故事情节,在读完故事时可以将自己头脑中想象的画面通过语言或者绘画的形式表现出来。或者通过小组交流的方式谈一谈'如果你是丑小鸭,你会怎么样呢?',让学生融入角色感受角色带来的心理体验。我们要通过《丑小鸭》这一篇童话的学习使学生有兴趣继续阅读第一部分中其余三篇文章。"

在导读课快结束的时候,杨老师与学生一起制订了阅读计划,并跟学生强调要在阅读过程中做好阅读记录,明确了学生在阅读记录时应该记录什么(图8-2:家长为学生填写的阅读记录表),同时又给学生提供了另一种记录方式:读书日记,在日记中写一写当天所读的内容、读后的感受、在读的过程中产生的疑问或联想,如果在读的过程中发现有生字词,可以通过查阅资料、字典或词典等方式进行学习。

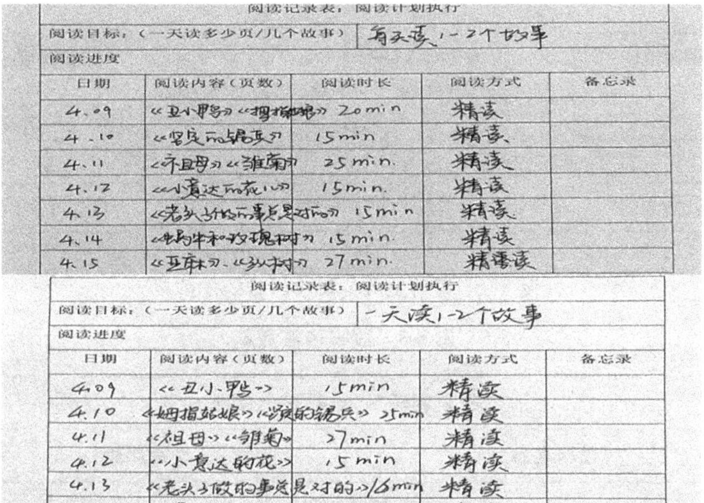

图8-2　家长为学生填写的阅读记录表

2. 任务二:打卡完成每一站,激励学生持续阅读

在阅读整本书的过程中,教研组的老师们希望通过一些阅读交流活动促进学生的持续性阅读,将课外阅读适当融入课内,激励学生继续读完整本书。于是教研组老师们一起制定了学习任务二,该任务群是符合学生最近发展区的挑

战性任务:

(1)利用思维导图的方式将自己喜欢的故事呈现出来,并且能够绘声绘色地讲述故事内容。

(2)选取自己喜欢的某一个故事帮助故事中的主人公解决他所遇到的困难;通过故事剧的形式演一演解决困难的过程。

(3)通过对各个故事中角色的理解,体会语言,把握人物特点,采用"我来比画你来猜"或"我说你猜"的游戏方式激发学生的参与热情。

根据任务需求,教研组老师们制定了思维导图的任务单(见图 8-3)、帮助主人公解决困难的任务单(见图 8-4)以及故事剧任务单(见表 8-3)。

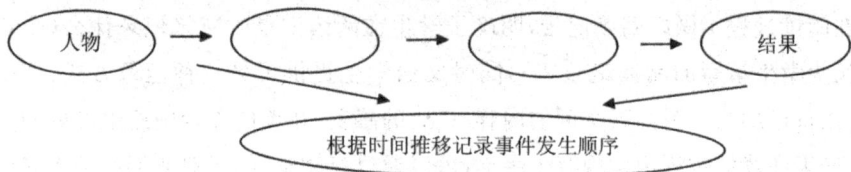

图 8-3 思维导图的任务单

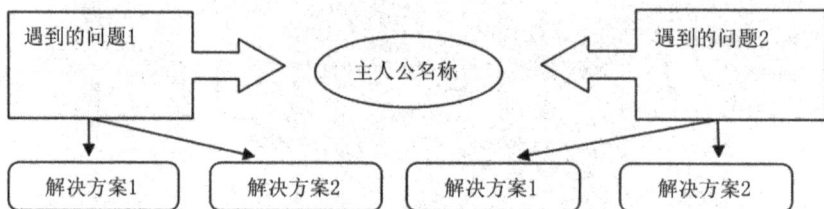

图 8-4 帮助主人公解决困难的任务单

表 8-3 故事剧任务单

故事剧任务单:我是小编剧		
短剧名称:		改编片段:
任务安排		
人物	表演人	选他/她的理由

片段二:

师:同学们,我们这一段时间打卡了童话王国的第一站,今天我们就在第一站中间休息的时候下车回顾一下我们经过的那些风景吧!每个小组拿出一张纸,将自己小组感兴趣的童话利用思维导图的形式画一画,然后结合思维导图用绘声绘色的语言讲述出来,我们来比一比那个小组做得更好!

（经过学生的讨论与创作,杨老师看大家都准备好了就开始读书交流会）

学生小组 2:我们小组做的是《拇指姑娘》的思维导图,这个童话故事讲的是:有一个美丽、善良的拇指姑娘,她不想和丑陋的癞蛤蟆一起生活,也不想跟不喜欢阳光鲜花的鼹鼠一起生活,她心地善良地救出了冻僵的小燕子,小燕子为了报答她,把她带到了温暖的地方,拇指姑娘和王子过上了幸福的生活(图 8-5)。

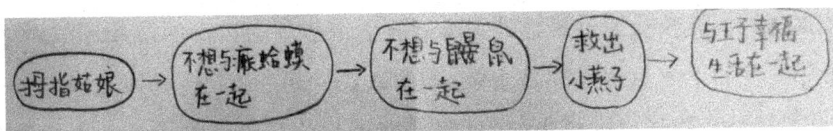

图 8-5　学生绘制的思维导图

学生小组 3:我们小组做的是《野天鹅》的思维导图,这个故事讲的是:艾丽莎原本是公主,她有 11 个哥哥,她的父亲娶了一个新王后,新王后使用魔法将艾丽莎送到乡下,又将艾丽莎的 11 个哥哥变成野天鹅,艾丽莎希望可以破解哥哥们身上的魔咒。有一天在睡梦中,美丽的天使告诉她要去教堂的墓地里采集荨麻,将荨麻编成 11 件罩衫披在天鹅上,就能解开哥哥们身上的魔咒了。然而,艾丽莎的第一件罩衫还没有织完,就被一位年轻英俊的国王带回了城堡,虽然他们结了婚,但是大臣们依然认为艾丽莎是女巫,国王的人民要宣判艾丽莎火刑,就在行刑的路上,艾丽莎迅速把 11 件罩衫披到了天鹅的身上,最年长的哥哥将整件事向大家解释明白,于是艾丽莎免受火刑,国王与艾丽莎也重修旧好了(图 8-6)。

图 8-6　学生绘制的思维导图

虽然思维导图可以帮助学生将故事大致脉络整理出来,帮助学生更好地将故事绘声绘色地讲述出来,但只进行思维导图的绘制与讲述还不能深刻理解人物,杨老师强调:"这一环节通过创设一个与故事相同或相似的情境,让学生在该情境中扮演故事中的角色,让学生体会角色带来的情感以及解决角色遇到的困难。例如在《拇指姑娘》中,我们可以通过创设情境让学生扮演拇指姑娘,体会她在遇到癞蛤蟆、金龟子、鼹鼠时所遇到的困难,通过故事剧的形式让学生解决拇指姑娘面临的困难。解决问题后通过一个小游戏帮助学生加深印象,通过将学生分为两大组,进行'我说你猜'的游戏活动,第一组需要描述故事中的角色,第二组需要猜出第一组所描述的故事角色名字。'我来比画你来猜'是'我说你猜'的升级版,'说'只是描述角色的特征,但是'比画'就是需要学生完全理解角色并且能够用肢体动作表达出来,所以'我来比画你来猜'对学生的要求更高,这时就可以根据学生的实际情况按需进行。这一部分的教学采用了虚拟的真实,课文故事里的人物和场景是虚拟的,但是扮演其中的角色,进入场景,就成了真实的。让学生通过思维导图绘制故事情节是为后面的游戏环节做铺垫,思维导图有助于学生把握故事主线,理解人物角色特征,这就为后面要进行的'我说你猜'和'我来比画你来猜'奠定了基础。游戏环节是为了激发学生参与其中的兴趣,也能巩固学生在这一阶段的阅读成果。"

整本书阅读教学进行到这里时,教研组的教师根据整本书中的相关情节以及学生的阅读情况进行了合理编排与设计,童话王国第一站顺利结束,以后的每一站可以按照这一流程进行,或根据具体情况调整任务设置。

3. 任务三:抵达终点回顾总结,解锁下一个童话王国

最后一个任务的设计前提是学生已经读完了《安徒生童话》这本书。教师该如何在学生读完整本书时让学生将自己学到的知识应用在生活中呢?杨老师跟教研组的教师们设计了这样的学习任务——学习任务三(挑战性任务):

(1)出版社想举办《安徒生童话》展销会,需要为这本书制作一份宣传海报,以吸引读者购买,并且要设计一个不超过16字的宣传标语。

(2)根据自己的喜好创编童话。

根据任务要求教研组设计了推荐书目的任务单。

片段三:

师:同学们,出版社想举办《安徒生童话》展销会,于是拜托我们学校的学生为展销会做一份宣传海报,并且需要设计一个不超过16字的宣传标语,同学们有信心满足出版社的要求吗?

生:有!(异口同声)

师:那么我们就分为六个小组,每个小组都要设计一份宣传海报和一个宣传标语,最后我们在班里评出最适合进行出版社展销会的海报和标语。接下来老师为大家提供一些海报的样例,供大家参考(图8-7)。

杨老师在设计这一部分教学时指出:"不是必须采用出版社这样的情境让学生进行整本书阅读的总结,我们可以设置'好书推荐会'或者通过'将自己读过的书推荐给爸爸妈妈'等推荐类活动让学生写一写不超百字的推荐语,要注意让学生表达清楚推荐理由。"

在学生读完这一本书时,肯定会产生自己的情感,并且会有想要说的话,教研组老师通过设计"创编童话故事"这一任务让学生展开想象,将自己的想象写成文字记录下来。将学生创编的情节比较完整的故事装订成册后分发给学生,激发学生想要读书的兴趣。

在阅读结束时,陈老师认为:"阅读完了《安徒生童话》并不代表阅读任务就完成了,我们是要用一本书去引起学生读同类型书籍的兴趣,例如:叶圣陶的《稻草人》和《格林童话》等,这些要作为《安徒生童话》的后续继续激励学生广泛阅读。"

图 8-7 学生制作的好书推荐海报

四、反思总结

杨老师说:"三年级学生的整本书阅读教学主要是想通过一些有趣的任务激发学生想要读书的兴趣,让学生能够在读书中体会到乐趣,这是一个逐渐启发循序渐进的过程,这一过程中教师要不断地激励学生,尽量采用一些积极的评语,以免让学生丧失继续阅读的想法和自信。对于这次的整本书阅读教学活动,家长的反馈和学生课堂上的表现都比较积极的,所以我认为这次尝试是有益的。"这些积极的反馈引发了杨老师的自我反思,这次的整本书阅读教学分为四个课时进行,在每周五拿出固定的时间进行课上教学,在完成所有课时教学时,杨老师认为实现了教学预期的目标,学生的学习动机与成果展示也超出了原有的期待。

从任务目标完成度来看:①一周左右能读完《安徒生童话》这本书——这个目标从同学们反馈的阅读记录表上来看全部完成。②了解故事的人物,能厘清基本的人物关系——这一目标从学生们分组来做思维导图的反馈来看已全部完成。③能够复述大致情节——学生在绘制完思维导图后可以绘声绘色地讲出故事情节,这一点已经超出原有的期待。④能够边读边想象,感受童话的奇妙——这一目标的关键点在于能够让孩子在读童话时进行想象,想象是写作的基础,学生通过帮助主角解决困难的任务,让自己融入角色感受童话的神奇。⑤有自己的感悟或疑问,能够借鉴童话的写法创编童话——学生能将自己的想象用童话的形式写出来,这些编写内容中既体现了学生在看完这本书想要表达的情感,也让学生自己的情感有所释放。

从教学过程来看,杨老师认为,活动是围绕着学生开展的,阅读更是一个自主性的教学活动,这种活动不易灌输太多,要让学生通过小组合作、自主探究等学习方式探索整本书能够带给我们什么知识能力。学习任务群是一个很好的引导学生进行自主探究和小组合作的方式,我们将一个个任务连成任务群,让学生在学习任务的指引下,通过自我探索带着任务去阅读。

五、结语

杨老师认为语文学习任务群对整本书阅读是具有促进作用的,这些任务的实施可以为教师提供教学反馈,可以监测学生阅读进度,有助于学生进行探索阅读。整本书阅读不仅是课外阅读,更重要的是课内的教师指导以及学生分享,通过导读课、激励课、结束课这三种课型,杨老师为我们呈现了《安徒生童话》这本书的教学。杨老师还反思了教学成效,实现了任务目标,因此杨老师在上课时践行了语文学习任务群的理念。

目前,杨老师及教研组成员体验到了"学习任务群"带给课堂的一种新形态,真切感受到了以学生为本、以小组合作自主探究为路径的学习任务群要从每一堂课、每一本推荐书目做起。只有教师的观念发生转变,学生的阅读热情才会持续,阅读动力才会延续。杨老师及教研组的教师们还在继续探索,推陈出新,继续创新实践,始终行走在教学改革的路上,未来,还要不忘初心,砥砺前行!

第三节　教学指导书

一、教学目标

通过对《基于学习任务群的小学语文整本书阅读教学探索》这一案例的讲解和分析,学生能了解到一线小学语文教师探索基于学习任务群的小学语文整本书教学实践方面的经验与策略,并学习当先的热点理论:学习任务群,在案例的启发下尝试探索"学习任务群"理念下的小学语文阅读教学路径。

(一)适用课程

本案例主要适用于《小学语文教材分析与教学设计》之教材解读和教学设计;同时适用于《小学语文课程与教学论》《课程与教学论》课程的教学设计和前沿问题讲解。

(二)教学对象

本案例主要为小学教育专业硕士教学开发,也适用于全体教育硕士和小学教育专业本科生。

(三)具体教学目标

(1)理解"学习任务群"的内涵、特性、路径及实施的困难。

(2)了解学习任务群在小学语文整本书阅读教学中的作用,获得基于学习任务群的语文教学实践方面的经验和策略。

(3)以"导读课、激励课、结束课"的教学设计为基础,获得基于语文学习任务群的小学语文教学设计知识和经验,提高学生的教学设计能力。

(4)理解如何以学生为本,如何让学生通过自主探究、小组合作实现预期的教学目标,体会如何利用学习任务群引导小学生对整本书阅读感兴趣、想阅读的学习动机。

· 掌握学习任务群设计以及整本书阅读教学的基本范式。

二、启发思考题

· 阅读本案例,你是如何看待杨老师进行教学改革尝试的?

· 杨老师是如何通过导读课激发学生的阅读兴趣的?

· 杨老师是如何进行《安徒生童话》这本书的教学设计的?如果你来设计,你会遵循怎样的设计思路?

· 杨老师以《安徒生童话》为例的教学实践给你带来了哪些启示?

· 简述你对"学习任务群"的理解和学科路径的认识。

三、分析思路

本案例分析的核心是基于杨老师的主动探索行为来理解教师进行"学习任务群"教学改革的过程。主要围绕"学习情境""学习目标""学习方法""学习评价""学习资源"的暗线与"导读课""激励课""结束课"的明线展开。

四、案例分析

读好书,好读书,读整本书是语文课标中持续关注的问题,整本书阅读教学是一个锻炼学生专注力、培养学生综合能力、促进学生语文核心素养发展以及提升学生阅读兴趣的阅读教学。

(一)案例回顾

在部编版教材普遍使用后,杨老师参加了多种教材培训,深知"三位一体"的阅读理念渗透和"润物细无声"的教材设计特点,但在没有接触《义务教育语文课程标准(2022年版)》之前,杨老师没有找到一个理念将部编版教材中"快乐读书吧"这一单元的推荐书目完整地教授出来。

正是由于《义务教育语文课程标准(2022年版)》的颁布,杨老师和教研组的教师们针对新课标进行研读时获得了启发,大家纷纷对"语文学习任务群"这一理念进行了深入思考,开始将语文学习任务群与整本书阅读教学结合起来,通过大家的共同努力,一起克服了任务群的四大问题,找到了帮助学生进行整本书阅读的方法,通过将任务群融入导读课、激励课和结束课,杨老师设计了针对《安徒生童话》的整本书阅读教学设计,于是开启了针对任务群与整本书阅读教学的探索之路。

(二)理论基础:"学习任务群"

语文学习任务群是基于语文学科核心素养来设计的,并且语文学习任务的课堂是以学生的学为主、教师的教为辅,在设计语文学习任务时要注意创设一定的语文情境,让学生融入情境落实语文要素。语文学习任务群就是以语文核心素养为导向,以学习任务为驱动,从而落实语文要素的语文综合实践活动。

(三)"学习任务群"理论的分析

关于"学习任务群"理论的概念分析学界并没有厘清,自高中语文课标修改以来,语文学习任务群开始被大家广泛关注,各学者采用不同的定义方式对该理论进行界定。

采用"属加种差"的定义方式,首先要明确学习任务群所属的上位概念,"'任务即做事'没有说清楚任务的本质属性;'任务即项目'又只适用于部分情况,所以将语文学习任务定义为是一种以素养为导向的语文实践活动,其着眼于语言文字运用,立足于培育学生的语文核心素养,实质是真实情境下的语言文字运用。"❶

此处的语文学习任务群就是一种语文实践活动,并且是以语文素养为导向去设计学习任务。其次"种差"就是这一概念与其上位概念或下位概念相比较而言的特别之处,简言之就是语文学习任务的特征,文艺、崔允漷对此也进行了阐述,他们认为语文任务所涉及的特征主要有六个方面,也可以称为六个构成语文任务设计的要素,分别为主体行为(要做什么)、达到结果(做成什么)、人际关系(与谁一起做)、时空情境(何时何地)、语言文字(用什么做)和育人导向(有什么用)。采用这种定义方式就可以将语文学习任务阐释为语文学习任务是素养导向的语文实践活动,是在真实情境下的语言文字运用,涉及主体行为、达到结果、人际关系、时空情境、语言文字和育人导向六个方面。

---

❶　文艺,崔允漷.语文学习任务究竟是什么?[J].课程.教材.教法,2022,(02):12-19.

分解式定义就是将语文学习任务分解为语文、学习和任务三个概念,汪潮认为"语文学习任务"由三个含义组成:与语文相关的、与学习相连的、与任务相合的。❶ 与语文相关的,是指语文学习任务要指向语文这一学科,并且符合语文课程的性质;与学习相连的,是指语文学习任务以学生的学为主,教师的教为辅,教师要通过设计任务为学生的学做驱动;与任务相结合的,是指"语文学习任务群"主要指向语文核心素养,是语文核心素养的下属概念,却又是语文学习要素的上位概念,针对上位概念来说语文学习任务在进行设计时就应该包含语言文字、文化、审美、思维这四大核心素养,针对下位概念来说语文学习要素要服务于语文学习任务,也就是说,语文学习要素是从学习习惯、学习策略、阅读、习作四个方面对学习提出的要求,这些要求是要被语文学习任务所指导的。

此外,高中课标组组长王宁先生指出任务与活动是不同的,新课标中的活动是语文学习活动,也就是"阅读与鉴赏""表达与交流""梳理与探究"这三件事,而任务就是让学生把这三件事综合在一起去解决课程中设置的问题。所谓学习任务群就是确定与语文核心素养发展相关的主题,设计教学情境和多样的学习任务,让学生自己在体验中完成任务。但学习任务群不都是多篇教学,而是根据任务来选择相应的资源。对于这些资源要区别对待,有的是主要篇目,需要精读;有的仅仅是为了启发思考,或是为了给解决问题提供更多的论据,可以略读或只读片段。❷ 此外他还强调,学习任务群要以学生的学为主,并且一定要超过学生现有水平,但又是学生能达到的。

(四)杨老师教学探索的分析

1. 部编版教材带来的挑战

在经过了部编版教材培训的一次又一次洗礼后,杨老师对教材中"快乐读书吧"版块所推荐的整本书阅读教学有了疑虑:该如何进行整本书的阅读教学呢? 整本书阅读教学该如何评价反馈呢? 这些问题一直伴随着杨老师,自从教研室开始关注整本书阅读教学,她们便开始从最基础的三年级整本书阅读入手,挖掘《安徒生童话》的教学设计点。《义务教育语文课程标准(2022年版)》的

---

❶ 汪潮.关于"语文学习任务群"含义和特点的解读[J].语文教学通讯,2022,(09):8-11.
❷ 语文学习任务群的"是"与"非"——北京师范大学王宁教授访谈[J].语文建设,2019(1):4-7.

颁布为杨老师和教研室提供了新的思路,通过"学习任务群"将整本书阅读教学从课外拉到课堂上,这是一次大胆的阅读教学设想。

2. 突破困难的枷锁

杨老师带领教研组的教师对"学习任务群"进行了深入的分析和理解,最终确立了学习情境、学习目标、学习方法、学习评价和学习资源的设计要素进行学习任务群的设计。

3. 学生为主的任务群教学实施

整本书阅读强调以学生的自主阅读为主,这与"学习任务群"教学理念不约而同地一致,整个任务群设计过程中,杨老师始终秉持这一原则,用一个个有趣的活动将任务串联起来,通过设计任务一"走进童话王国,组织导读活动"、任务二"打卡完成每一站,激励学生持续阅读"和任务三"抵达终点回顾总结,解锁下一个童话王国"组成学习任务群,让学生在自主探究和小组合作的活动中逐渐形成对阅读的兴趣以及可以持续阅读的动机。

4. 积极的评价与反馈

经过《安徒生童话》的学习后,学生想要阅读整本书的愿望提高了,家长的积极反馈使得杨老师觉得这次尝试找到了家长与教师的契合点,感受到了家校共育的愉快体验,在某种程度上形成了教育合力。

五、课堂设计

(一)时间安排

大学标准课 4 节、共 180 分钟:布置和预习 1 节,上课讨论 1 节,课堂实践 1 节,反思总结 1 节。

(二)环节安排

提前一周利用 1 节课的时间预习部编版教材读书推荐的《安徒生童话》这本书,并结合问题解决学习进行教学设计→小组讨论设计方案→研读案例→课堂分享与报告→教师点评和学生互评→设计教材推荐的其他书目→学生实践→教师和学生评价。

(三)人数要求

40 人以下的班级教学。

(四)教学方法

以讨论为主,以练习法、讲授为辅。

(五)组织引导

- 教师布置任务清晰,预习要求明确。
- 给学生提供必要的参考资料。
- 对学生进行教学设计、课堂教学、观点分享等必要的技能训练。
- 对学生课下的讨论予以必要的指导并给出建议。

(六)活动设计

1. 提前两周布置阅读任务

阅读《义务教育语文课程标准(2022年)》《普通高中语文课程标准(2017年版2020年修订)》和《安徒生童话》(曹文轩、陈先云主编)内容,同时查阅小学语文整本书阅读教学与语文学习任务群结合的相关文献。

2. 组内讨论与交流

为每个小组提供一张小组讨论记录表,记录小组成员的发言情况和问题清单。

3. 小组汇报与分享

在汇报中,每位同学做好记录并进行录像,以便提问、互动与反思。

4. 点评与指导

教师对小组的教学设计进行点评,适时地提升理论,把握教学的整体进程。

5. 总结与反思

课后各小组根据汇报情况,及时总结和反思,进一步改进与完善案例教学。

六、要点汇总

"学习任务群"是当今的研究前沿与热点,是推进我国基础教育改革的新形态。从杨老师的教学探索中我们可以看出,要在实践中实现"学习任务群"需要真正行动起来,需要明确任务设计的五大要素。因此,如何破解"学习任务群"难题,如何将"学习任务群"与整本书阅读教学相结合都需要进一步的探讨。

因此,在本案例的教学过程中,主要教学知识点如下所示:

（一）"学习任务群"

"学习任务群"是促进学生小组合作、自主探究的方法之一，是一种重构课程的方式，已经成为教育改革的前沿与发展趋势。

（二）"学习任务群"的困难

"学习任务群"是依据语文核心素养，以学生自主探究、小组合作为主要方法，以任务为载体落实语文要素的一种语文综合实践活动。由于"学习任务群"这一理念提出的时间较晚，因此，设计学习任务群教学的具体步骤需要归类整合。

因此，在教学中要结合案例，引导学生理解"学习任务群"的设计路径。

（三）"学习任务群"与整本书阅读教学相结合的路径

我们在探索"学习任务群"与整本书阅读教学相结合的路径时，首先，要明白什么是"学习任务群"，这个概念界定学界没有明晰，因此我们要将主要教学知识点讲解清楚；其次，"学习任务群"的具体设计步骤也没有学者能够明确地归纳形成范式，所以需要我们在总结中归类整合；最后，整本书阅读的教学设计大致可以分为"导读课、激励课和结束课"，这些课型的每一课时发生在阅读的什么时候是需要明晰和确定的。杨老师基于"学习任务群"对整本书阅读教学进行了实践，探索了整本书阅读教学的实现路径。

因此，在教学中，结合杨老师的探索历程，引导学生认识到从"学习任务群"的设计原理出发，把"学习任务群"教学的具体步骤融入整本书阅读教学中。教师是从导读课、激励课、结束课三种课型进行教学，每一种课型都要体现出"学习任务群"设计的步骤和原则，要实现整本书阅读的创造性教学。

第九章

基于语文要素的单元教学探索与案例教学指导

第一节　背景信息

2014年3月，教育部颁布《关于全面深化课程改革落实立德树人根本任务的意见》，首次提出"核心素养"这一概念，并提出将研制与构建"学科发展核心素养体系"作为推进课程改革深化发展的关键环节。《义务教育语文课程标准（2022年版）》提出："核心素养是学生在课程学习过程中逐步形成的正确价值观、必备品格和关键能力，是语文课程育人价值的集中体现。"语文学科核心素养以学生的思维能力、审美创造、文化自信为基础，力求借助语文课程的学习促进学生核心素养的发展，弥补单篇教学对语文学习的综合性、整体性关注不够，各课时彼此孤立，无法高质量达成单元教学目标等问题。钟启泉指出：联结课堂和课时的单元教学设计是撬动当前课堂转型的一个支点，"核心素养—课程标准—单元设计—课时计划"，这是课程发展与教学实践环环相扣的链环，统编版语文教材的"双线组元"编排结构也在引导教师探索基于学科核心素养的单元教学。面对新教材，如果还采用传统的教学方式，势必会造成知识点零散、碎片化、不利于实现语文学科核心素养的情况。杨老师是一名教学经验丰富的小学语文教师，多年来立足于课堂教学实践，借助理论知识不断尝试、探索语文教学模式。杨老师以统编版语文三年级下册第八单元为例，尝试将核心素养与单元教学相融合，力求实现语文课程促进学生核心素养发展的整体功能。

第二节　案例正文

自2017年统编教材投入使用后，杨老师参加了学校组织的与教材相关的各种培训,她在学习版过程中不断思考:如何将当前的教育理念融入教学中?如何通过单元教学这种方式促进学生语文学科素养的提升? 在不断的学习和思考后,杨老师在一次教研活动中与其他教师进行了深入的探讨和交流。

一、对实践的审视

(一)经验"裹挟"下的认识偏差

"核心素养"是新课程改革的一个热点话题,自核心素养提出后一直是学术界讨论的热点话题,与"核心素养"有关的文章不断增多,作为一线教师也在大大小小的讲座中熟知这个概念。在一次教研活动中,老师们在听完名师讲座后,对讲座中提到的单元整体教学相关内容进行了讨论。当被问及对语文核心素养与单元教学的认识时,杨老师说:"通过参加培训我对统编版语文教材的编写理念、编排方式有了深入的了解,我们以后在备课时不仅要把握一课的知识点,还要明确这一单元、这一册书甚至整套教材的逻辑体系和知识体系。同时,还要树立全局意识,站在整体的高度上解读教材、把握知识点。'单元教学''核心素养''语文要素'也是近期培训中出现的高频词,各种培训与教研活动为我们一线的老师指明了方向,也让我们在以后的备课上真正做到了心里有底。说到单元教学,还是有些疑惑和困难,我教了这么多年书,已经习惯了按照课时来教学,同学们也习惯了这样的授课方式,突然摒弃传统的单篇教学对老师和学生来说,都不是一时半会儿就能做到的,这也是我近期常常思考的一个难题。"杨老师的发言引发了其他老师的共鸣,老师们纷纷表示单元学习是大势所趋,是当下教学的重点,但是如何高效、科学地开展是老师们遇到的共同难题。李老师也说出了自己的困惑:"单元教学打破了传统单篇教学中知识系统零散、碎片化的弊端,单元教学使各个单元的联系更加紧密了,强化了各个单元、各个知识点之间的联系,对于学生来说,单元整体教学便于学生对知识点的理解和识记,是值得推行的。对于我们老师来说,在教学时能精准把握知识点,整体推进教学,提高教学质量。对于语文这门学科来说,单元教学更加注重语文学习的情境性和整体性,充分发挥了语文这门课程的育人功能。以上这些是单元教学的优势,我现在最担心的问题是怎样避免出现遗漏知识点的情况。"其他老师表示也有着和李老师一样的担忧。当讨论到语文核心素养的话题时,部分老师表示不太清楚核心素养的具体内涵,但是核心素养在《义务教育语文课程标准(2022年版)》中出现过,贾老师说:"核心素养是2022年颁布的《语文课程标准》中新增的内容,课标对核心素养的内涵进行了解释,是学生在学习语文课程的过程中,能逐步形成正确的价值观、品格和能力,我认为这也是统编版语文教科书提倡的育人理念。"有一部分教师能大致说出核心素养包含的"语言的运用""思维能力""审美创造"和"文化的自信"这四个维度。还有的教师认为语文核心素养的提出更加适应学生全面发展的需要,有利于提高学生的语文素养,提升学生的综合能力等,但是在真实的教学实践中比较难落实。由此可见,老师们普遍认同单元教学对于促进学生语文核心素养的意义和重要性,但是受经验影响,对单元教学及核心素养的认知不够清晰,也清楚短时间内落实起来有一定的难度。

(二)基于经验的回顾与思考

教研活动结束后,杨老师对活动中讨论的问题进行了整理与思考:统编版教材的使用、新课程标准的颁布、语文核心素养的实施,都对语文教学提出了新要求,必然也会要求传统课堂教学进行转型。为什么要开展基于核心素养的单元教学?如何建构单元教学活动,建构的原则和步骤是什么?学生在学习后能掌握哪些能力?带着这些疑问,杨老师找到了与教材相关的书籍并听了很多专家讲座,试着从中找到答案。在学习中,她解决了这些疑惑:

在借助教师用书解读教材时,我发现统编版教材从三年级上学期开始围绕"人文主题"和"语文要素"两条主线编排内容,在单元编排上具有"整体性和系统性"的特点,单元之间知识点的联系也非常密切。每个单元中的课文、语文园地、综合性学习、口语交际这几大版块都有着内在的逻辑体系,我们在设计教学时应该关注这些变化,不能孤立地处理单元中的教学内容。单元整体教学这种学习方式关注到了教材编者的意图,力图使语文学科的教学价值最大化。教材的编排方式能够激发学生的学习兴趣,提升其语言能力和思维能力,也能帮助老师们不断优化自己的教学设计。透过语文核心素养这面"镜子"认识大单元教学,能更准确地把握语文课程"工具性"和"人文性"的统一,能够更加深入地理解语文这门课程的育人功能和学科性质,如:通过积极开展语言文字的实践活动来培养全面发展的人。单篇教学方式在整体上提升学生的语文能力方面还有一定的弊端,而"单元教学能够让学生感受到语文知识的宽度和广度,关注到语文知识之间的密切联系",改变传统课堂学习中"只见树木,不见森林"的尴尬局面。

杨老师在学习中了解到,基于语文学科核心素养的单元整体教学综合了单元教学和核心素养两个方面的优势,是以培养素养型学生为目的的教学方式。一方面,单元教学作为一种教学实践方式,能够整合、优化知识结构,弥补传统教学的不足,有利于培养学生的知识迁移能力、对知识的归纳能力;另一方面,语文核心素养作为一种教育理论,倡导学生在学习语文课程后,能够具备一定的品格、关键能力与价值观念。基于语文学科核心素养的单元教学设计作为教育理论和教学实践之间的桥梁,有效融合了单元教学和语文学科核心素养,发挥了 1+1 大于 2 的优势,最终能够实现语文课程的育人目标。

(三)工具价值的"羁绊"与探索

教研活动中很多老师对单元整体教学的价值持肯定与认同的态度,清楚单元教学对发展学生的语言能力、综合的语用能力有着重要作用,也能够提升语文学科的教学质量,但老师们对于单元学习也有些担忧,语文作为一门工具性、基础性的学科,如果一味地追求变革,忽视知识的学习,势必会造成知识掌握不牢固等问题。单元整体教学的实施难度相对较大,教师有革新的想法,同时也担心这会削弱学生对语言文字的识记、理解和分析,出现基础知识掌握不扎实和影响考试成绩等问题。

由于自身对新教材的教学经验较少,对单元主题和课文内容的整体把握相对不足。开展单元式整体教学对学生和教师的挑战和要求都较高,没有一套可以完全采用的教学模式,难以在实践中开展,开展单元整体教学不可避免地会导致一些知识点讲解不够详尽,学生也没有深刻理解。

杨老师对于现在的困难和疑惑进行了思考:如何将核心素养、单元教学的理论知识落实到实践中?如何在教学实践中将语文核心素养落地?我们期待学生学会什么?需要什么样的素材或活动?如何组织这些素材和活动来教给特定学生?思考过后,杨老师结合对教材的学习,以三年级下册第八单元为例进行了尝试,并在实施过程中不断进行改进,结合语文学科核心素养对单元教学进行了有益的探索。

二、探索：以生为本，层层助推素养落地

(一)素养为市，确定单元主题与目标

在阅读了大量文献后，杨老师找到了单元教学设计的依据与操作流程。钟启泉教授在《学会单元设计》一文中指出，单元设计一般围绕"ADDIE 模型"的分析、设计、开发、实施、评价五个要素展开。杨老师借助这一理论，围绕语文课程标准、语文教材、学情进行了分析，尝试设计了单元教学内容。

1. 明晰课标要求，整合学科核心素养

《义务教育语文课程标准》围绕立德树人根本任务，以促进学生核心素养发展为目的，以"识字与写字""阅读与鉴赏""表达与交流""梳理与探究"四部分语文实践活动为主线，提出了各学段语文能力的目标与要求，这为语文单元教学设计提供了依据。课程标准作为语文教师开展教学的指南，指出了小学语文学习教学目标以及各个学段目标，确保了教学方向的准确性。以第二学段为例，"阅读与鉴赏"的目标是"能复述叙事性作品的大意，初步感受作品中生动的形象和优美的语言"。因此，以"复述叙事性作品的大意"作为单元能力训练点。

2. 明晰编排理念，厘清单元结构

三年级上册的教科书中多次出现"复述故事"的训练，第二单元《鹿角和鹿腿》、第六单元《肥皂泡》出现了"用自己的话讲讲故事"的复述要求，引导学生尝试用自己的语言复述故事，这些训练作为隐形线索贯穿整册教材，为第八单元的详细复述奠定了基础。到了第八单元，教材立足单元整体关照选文，以"了解故事的主要内容，复述故事"为主线，将单元页的导语、阅读提示、课后练习、交流平台等版块作为一个整体，围绕"复述故事"这一阅读要素落实言语实践。其中，"了解故事的主要内容"是复述故事的主要手段，"复述故事"则是本单元的教学重点及落脚点。精读课文《慢性子裁缝和急性子顾客》篇幅很长，课后练习题的设置为复述学习做了铺垫，以表格的形式引导学生抓住主要线索厘清故事发展的脉络与时间线。有了表格支架的提示，学生能够按照提示复述故事，有效地降低了学生复述的难度。《漏》同样是在课后练习中对复述进行了提示，即抓住地点变化顺序复述故事；《枣核》作为自读课文，是让学生将前一课所学的复述方法进行迁移和运用，学生在前两课的学习中发现了精读课文的故事都是

按照时间、地点变化展开的，教师可以引导学生借助关键语句和示意图搭建课文的复述支架，完成本单元的学习任务。单元的最后，"交流平台"以对话的形式总结了复述故事的方法和要求，并在统整后进行拓展关联。

(二)整体架构，构建核心任务与活动

当前有关单元教学设计模式还没有统一的定论，钟启泉教授认为单元教学设计一般遵循"ADDIE"模型，这一模型也是实践中被应用最多的。"ADDIE"模型由"分析""设计""开发""实施""评价"五个要素组成，分析主要由学情分析、教材分析与课程标准、重难点以及教学方式构成；设计是在分析的基础上进行的，基于教材和分析，设计出教学活动；开发指的是在明确教学流程的基础上做好实施的准备；实施是指根据教学设计开展教学活动；最后，在教学活动中关注学生的反馈，评价对新知识的学习效果，以便于教师对教学活动及时进行反思。杨老师基于核心素养，以第八单元内容为例，尝试设计了单元教学的基本步骤(图 9-1)：

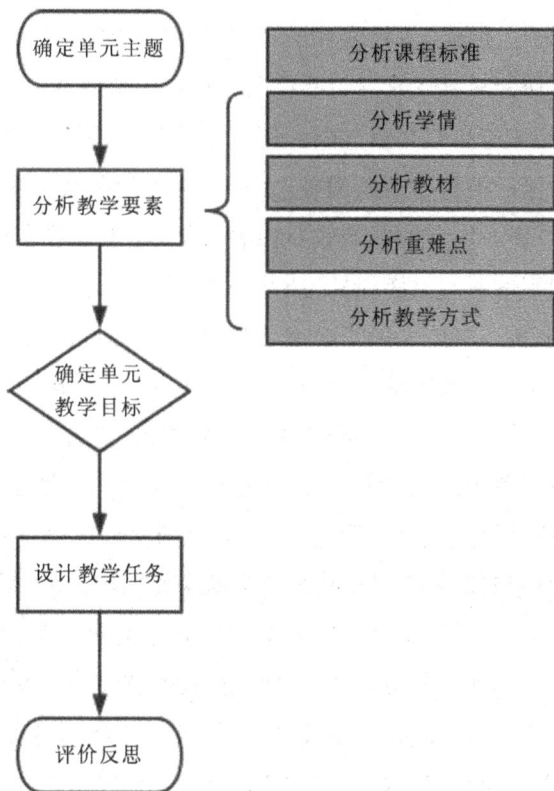

图 9-1　基于核心素养的单元教学基本步骤图

三、实践——基于核心素养的"复述故事单元"教学设计

单元教学是以单元为基础的一种教学方式,在单元学习目标的引领下,整合单元编排的内容,从整体的角度解读单元知识,在教学中围绕一定的主题,设计学习任务,以情境化的教学活动为依托,让学生能够积极地参与到情境化的学习活动和任务中,最终实现提升语文核心素养的目标。杨老师选取了统编版教材三年级下册第八单元的内容——《慢性子裁缝和急性子顾客》《方帽子店》《漏》《枣核》四篇课文进行教学。

(一)确定单元教学目标

1.前期分析

(1)课标分析。课程标准指出,"语文课程应引导学生热爱国家通用语言文字,在真实的语言运用情境中,通过积极的语言实践,培养语言文字运用能力"。复述作为一项听、说、读、写综合性的训练,在学生的语言运用与实践方面发挥着重要作用。课标对复述故事的要求也贯穿在各个学段中。其中,第二学段提出"能复述叙事性作品的大意",到了第三学段是:"阅读叙事性作品,能简单描述自己印象最深的场景、人物、细节"。第八单元的阅读要素是"了解故事的主要内容,复述故事。"结合课标与教材内容可知,学生学习本单元应该学会在把握故事主要内容的基础上详细复述出故事内容。

(2)教材分析。本单元属于统编版教材三年级下册的第八单元,也是教材中唯一一个详细复述故事单元,承担了培养学生"语言运用、思维能力"素养的重任。第八单元围绕"有趣的故事"这一人文主题,共编排了四篇课文。每一篇课文训练侧重点各有不同,精读课文《慢性子裁缝和急性子顾客》以表格为抓手,引导学生关注故事的时间顺序,把握故事的主要内容,因此,本课的能力点可以确定为:按照时间顺序完整复述故事的主要内容。《方帽子店》在课前的阅读提示中提到了"说说故事中的哪部分内容是你最意想不到的,再用自己的话复述这个部分",因此本课的重点可以确定为:能够详细复述出感兴趣的部分内容。本单元的自读课文《漏》与精读课文《慢性子裁缝和急性子顾客》有着相似的地方,即借助支架梳理主要内容,不同的是,本课提示以地点为顺序梳理主要内容,复述时要生动有趣,可以借助表情、语言、手势完成,侧重于详细复述故事

的生动性、趣味性,复述的要求难度有所提高。最后一篇课文《枣核》提出"用自己的话复述这个故事",这是对前三篇课文学到的复述方法进行综合运用。

(3)学情分析。三年级学生思维从具象思维逐渐向理性认知发展,对于教师提出的学习任务和目标,学生已经能够做出清晰的评判与调整。因此,教师在教学中可以将目标显性化,引导学生自我管理、积极实践。学生在目标的引领下学习,能够感受到逻辑性、具体性的学习方式,提升思维能力和语言运用能力。统编版语文教材彰显了复述教学的序列性:三年级下册第八单元首次将"复述故事"这一语文要素放在一个单元集中学习,借助故事这一形式让学生感受到复述的乐趣,激发学习的内驱力;后续的复述要求逐步提高,要求学生学会"简要复述"和"创造性复述",因此教师要使学生体会到学习的满足感,培养其复述的兴趣。

2. 确定目标

杨老师基于以上分析确定了本单元的教学目标:

(1)借助文字示意图、表格梳理出故事的主要情节和内容。

(2)按照课文中的提示,有顺序地复述故事,不遗漏重要情节。

(3)借助故事的人物、动作、语言来塑造人物形象,把故事讲生动。

(4)根据不同的对象、目的、要求等,用自己的话进行复述。

(二)单元学习过程

1. 模块一:走进"复述故事单元"(1课时)

作为开启本单元学习的第一节课,本节课的核心目标是基于语言运用与审美创造两个核心素养,在教学时通过创设情境化的任务展开,设计了讲故事、讨论交流等形式,引导学生感知本单元的学习任务,将学生喜欢的活动贯穿课堂,激发学生分享的积极性,引导学生走入新单元。借助表达、衔接、开启,逐步完成本单元的目标。

具体活动:

(1)讲故事比赛。同学们,老师在上课之前接到了一个比赛通知。大家想不想知道是什么比赛呢?(展示活动通知)清楚了比赛要求,接下来我们一起了解一下比赛评分标准。现在,老师送给大家一个讲好故事的锦囊妙计。了解完了比赛要求,接下来同学们就积极准备这次比赛吧。

（2）评选"故事大王"。

（3）交流："讲故事"和"复述故事"有什么区别？穿插"交流平台"中关于复述故事的要求。

（4）思考：什么时候需要复述故事？创设情境，加深对复述故事的了解。

2. 模块二：以识字为主的基础知识学习（1课时）

通过单元准备课的学习，同学们对本单元的主题和学习目标有了一定的了解，接下来就是扫清本单元的生字障碍，识字教学仍然是三年级的重点学习内容，同时为后续的文本学习打基础。将本单元的生字集中在一个课时学习，借助集中归类识字，渗透声旁、形旁的概念。大家在看到形旁字时，可以进行字义的猜测，看到声旁字时进行字音的推想。还可以由学生合作学习生字，在这个过程中，内化学习汉字的方法，有助于提升学生文化传承与理解这一语文素养。对于生字，不是能用一节课时间完全掌握的，在接下来的课堂学习中还会将生字词放在语境中继续渗透。

具体活动：

（1）完成预习单，初识生字（见表9-1）。

表9-1 自主预习单

学习任务	完成情况
我知道本单元共有（　）篇课文，分别是：（　），我最喜欢的课文是（　），因为：（　）	☆☆☆☆☆
本单元会写的字一共有（　）个，会读的字共（　）个	☆☆☆☆☆
我觉得难写的字有：（　）	☆☆☆☆☆
本单元左右结构的字有（　）个，分别是：（　）	☆☆☆☆☆
本单元上下结构的字有（　）个，分别是：（　）	☆☆☆☆☆
我发现了这些字可以这么记：（　）	☆☆☆☆☆

在课上检查了同学们的自主预习单，并对学生的预习结果进行了评价，杨老师说道："老师要给同学们点赞，大家都能按照预习单的要求完成预习任务。老师还发现有的同学将不认识的生字进行了总结、归类，并标注在预习单的空白位置，这真是一个识字的好习惯。对生字进行归类也是我们学习生字的重要方法之一，接下来老师检测一下大家的预习成果，让我们一起走进游戏王国吧！"

（2）借助"生字闯关"游戏,检查学生的识字情况并纠正。

（3）学习"识字加油站"进行归类识字,按照生字的结构进行归类学习。

（4）学生合作学习并交流识字方法,教师总结归纳识字方法。

（5）重点练习易错字,借助自由读、开火车读、领读等形式学习并听写生字。

3.模块三:学习"把握故事的主要内容",以方法指导为核心（4课时）

通过前两节课的学习,同学们已经完成了学习的准备工作,接下来就正式进入"复述故事"方法的学习了。第三个模块的学习重点是"学会把握故事的主要内容"。本单元对复述故事的训练是循序渐进的,难度是层级递增的,这是编者胸怀整组的体现,也是培养学生语言建构与运用、思维发展素养的体现。因此,教学活动的设计也遵循了教材的编写特点。在课堂上,通过质疑将问题抛给学生,以疑入学,尊重学生在课堂上的主体地位,有助于学生思维能力素养的提升。在本模块的第一节课上,抛出话题,引导学生思考如何把握文章的主要内容。接下来让学生借助具体的表格支架尝试完成内容的填写,借助线索把握主要内容,并且能够迁移运用到下一篇课文的学习中。

具体活动:

（1）第一、二课时。

1）完成预习单（见表9-2）。

表9-2 自主预习评价单

预习要求	完成情况
我朗读了第 25、26、27、28 课	☆☆☆☆☆
我可以正确、流利、有感情地朗读课文	☆☆☆☆☆
我知道了每篇课文的主要内容	☆☆☆☆☆
我可以给同学们讲清楚故事的内容	☆☆☆☆☆

2）你在预习时,是如何把握课文主要内容的?跟大家分享你的好办法?

3）大家的预习工作完成得非常扎实,接下来请大家带着问题默读《慢性子裁缝和急性子顾客》,试着用自己的话说一说这篇课文讲了一个什么故事。

4）运用:以《慢性子裁缝和急性子顾客》为例,观察表 9-2,你有什么发现?小组讨论:仔细观察表 9-2,你发现了什么?对于我们学习复述有什么帮助吗?

5)练习:通过观察表格我们发现,表格中有时间、人物、具体事件等关键词,因此,我们可以借助表格中的关键信息去筛选文章关键语句,把握主要内容。接下来,同学们按照已经划分好的小组,借助我们学过的方法完成《方帽子店》主要内容的填写。

(2)第三课时:迁移运用方法。在第一课时中,我们学习了精读课文《慢性子裁缝和急性子顾客》,知道了可以借助表格找到故事发生的时间、地点、人物等信息,并让同学们以《方帽子店》为例进行了练习。通过对精读课文的学习和梳理,在接下来的学习中,能举一反三,将精读课文中学到的方法运用到略读课文中,这是教材编写者的设计意图,也是教材的创新。让学生在学习中感受到单元作为一个整体,有着系统的逻辑体系和结构,意在单元教学中提升学生的语用能力和思维发展能力。

1)讨论:除了课文中提示的方法,你还有什么好办法把握课文主要内容?

2)思考:课文《漏》采用了什么方法梳理课文内容? 借助这种方法练习复述。

3)交流:借助在课文《漏》中学习的方法以小组合作的方式提取《枣核》一文中的关键信息,尝试用自己想到的方法说说故事内容。

师:多么有意思的故事啊! 我们知道了可以借助表格、示意图等方式交代事情的起因、经过、结果,把故事详细复述出来,接下来,请大家借助关键信息,用自己喜欢的方式讲一讲这个故事吧!

(3)第四课时。本模块的学习重点是让学生借助表格等方式学会把握文章的主要内容,通过前三个课时的学习,同学们已经知道了如何借助表格找到文章的关键内容,这节课就带着大家进行归纳、总结学到的方法。同时,将"语文园地"中的内容与本课知识点整合进行教学,既精简了课时,又加深了学生对方法的理解,提升了学生的语文核心素养。

1)讨论:我们学习了把握课文内容的哪些方法?

2)总结:回忆之前的学习经验,小组合作归纳学过的把握课文内容的方法。

3)练习:对课件中的故事内容进行梳理,运用自己喜欢的方式完成。

4)归纳"交流平台"中复述方法的要求和提示。

4.模块四:练习复述故事(3课时)

第四模块的教学重点是学习详细复述故事内容、通过前几个模块的学习,同学们已经学会了把握文章内容的方法,本模块就由学生尝试练习复述,在过程中引导学生掌握复述的方法。在游戏中通过一起参与、制定复述的规则,训练学生语言表达的素养,培养学生的逻辑思维能力,激发学生参与课堂教学的积极性。整个过程,就是复述目标实现的过程。遇到问题,学生们共同商讨,学生表达的准确性也在活动中得到了提升。

具体活动:

(1)第一课时。

1)学生在课前组成兴趣小组,并且为自己的小组取个响亮的名字。课堂上进行交流展示。

2)小组讨论:讲故事时,除了主要内容,还要把哪些内容讲出来呢?

3)游戏:猜猜他是谁。

"请问师傅,您准备让我什么时候来取衣服——秋天?夏天?春天?……"

"不,就在冬天,不过,我指的是明年冬天。"顾客噌的一下子跳起来:"这么慢啊!"

同学们猜一猜,这段对话描写的是谁?请说出猜测的依据,如:动作、语言等关键词。

(2)第二课时。

1)动手画一画,我们在学习《漏》这篇课文时,知道了老虎和贼因为十分害怕"漏"落荒而逃的时候,有多处对心理和动作的刻画,语言生动,动作逼真,那同学们能不能按照自己的理解来画一画呢?

2)迁移运用,我们一起来看看课文的第6~9自然段讲了什么。我们知道了在讲一件事的时候,可以抓住人物的心理和动作来描述,请同学们在文中找一找哪里还有类似的情节。小组合作讲一讲,每个小组派出一名代表在全班复述这个故事。

3)情境表演,同学们现在是故事会的主人公,给自己的弟弟妹妹讲一讲今天学到的故事,比一比哪位同学讲的最生动、有趣,好不好?

(3)第三课时。

1)准备阶段,想象编故事。

2)运用阶段,制作复述自评表、互评表,请小组成员评价。

5.模块五:拓展运用,提升语文能力(2课时)

作为本单元的最后一个模块,本模块的教学活动既要总结前期学习的知识,同时也要完成本单元的习作任务,习作是对阅读的迁移和拓展。此外,师生共同建立素材库的活动也培养了学生的思维能力。学生将在本单元所学的方法迁移运用到实践中:自主收集资料、朗读文本,从根本上提升语文核心素养。同时,故事库的收集、故事会的开设,都是对文化理解与传承这一语文核心素养的训练与提升。

具体活动:

(1)第一课时:习作。

1)创设情境,激发想象。

2)结合教材,构思故事。教师要提醒学生注意习作格式,并且要满足规则中的外貌、性格、爱好等要求。

3)学习例文,规范要求。

4)习作展示,学生按照指定的规则进行互评,教师依据写人的主要方面、表达的准确性进行点评。

(2)第二课时:以思维能力、文化传承为核心。

1)建立故事素材库,小组间分工与合作,搜集故事进行汇编;教师利用课内外时间及时指导学生;将确立的语料库制作成册,作为晨读内容和复述材料。

2)讲故事比赛,结合单元起始课中提出的真实性任务,组织测评,对学生的复述能力进行评估。

四、反思——基于核心素养的单元教学成效

杨老师认为,教学反思要对整个教学过程进行思考、剖析,找到其中的优势和不足,这个过程有助于深层思考教学过程,主动完善单元整体教学方式,提升教学质量。通过这次教学和学生的课堂表现、作业的反馈情况来看,是一次有意义的尝试。

第一,单元重点学习目标的实现具有递进性。首先,重点指导教读课文《慢性子裁缝和急性子顾客》,教学活动主要以学生的探究、交流为主,学生能借助表格、文字提示等支架梳理故事的主要内容。其次,在实现复述目标前,引导学生借助课文学会把握文章的主要内容。再次,借助故事中人物的语气、动作来塑造人物形象,根据不同的对象、目的、要求等,用自己的话进行复述。最后,习作的学习是对复述这一目标的拔高,习作中提到了由学生选择一种动物作为主

角,大胆想象,编一个童话故事,将学生的口头语言转化为书面语言。

第二,注重学生的反馈并及时进行调整。教学的过程离不开学生的反馈,学生对知识的理解、掌握程度都映射在分享、展示中,老师及时关注学生的反馈并进行调整,建构出动态、灵活的学习目标。课堂上根据学生的分享、展示、反馈,创建师生互动的教学氛围,推进教学目标的实现。单元整体教学后,学生通过习作这个显性的形式做出综合性反馈,本单元所形成的语言运用与思维能力、审美创造能力都在习作中有所体现。

第三,单元教学的设计渗透了语文学科核心素养。在教学开始前,杨老师设计了自主预习单,重点培养学生对信息的收集、分析能力,给予学生思维提升的空间。教学时,以《慢性子裁缝和急性子顾客》《漏》两篇精读课文为例,重点进行教学,引导学生学会把握文章主要内容的方法,在明确内容的基础上进行语言的建构与运用,学习详细复述故事内容。接着,学生在方法的指引下学会迁移运用,学习本单元另外两篇自读文章,思维能力、语言能力、审美能力都在这个过程中得到有效训练。单元教学的最后,设计了拓展探究环节,促使学生把握复述的技巧、提升学生的审美创造能力和思维能力。

五、结语

统编版语文教材的使用和新课程标准的颁布,都强调了语文课程的学习要致力于语文素养的培养与提升,语文课程的学习具有基础性作用,它是学好其他课程的基础。作为一名教师,如何在新课程教育理念下促进学生语文能力的提升,如何促进学生语文素养的提升,如何精准把握语文课程的特点,实现语文基础性、人文性、实践性是我们一线教师应该思考的问题,新课标与新教材的使用是语文学科教学的新要求和新变化。符合新课程改革理念的单元教学也逐渐成为老师们的一种选择,不管是对语文课程自身还是对教师和学生来说,都具有特殊的价值与意义。《义务教育语文课程标准(2022年版)》中新增了语文学习任务群的内容,每个任务群都贯穿于四个学段中,包括基础性学习任务群、发展性学习任务群以及拓展性学习任务群,单元整体教学有助于促进教材中任务群的实现,实现语文这门学科的育人价值,同时也能拓宽教师的视野和格局。基于语文学科核心素养的单元教学对一线教师来说充满了挑战,但是也别有一番滋味,在这个过程中有成长、有进步,提升了自身的教学能力、教育智慧。

第三节　教学指导书

一、教学目标

通过对《基于核心素养的"复述故事单元"教学的探索》这一案例的分析,学生对当前一线教师就基于核心素养的单元教学实践有了一定的了解。

(1)了解语文学科核心素养的单元教学设计的特征、价值类型以及与传统的单元教学设计的异同。

2.基于语文学科核心素养的单元教学设计建构方法、原则和具体步骤。

二、启发思考题

(1)阅读本案例,你对杨老师的教学尝试有什么想法?

(2)杨老师是怎么样开展单元整体教学设计的? 具体步骤有哪些?

(3)杨老师在教学设计时,如何将语文学科的核心素养融入单元教学中?如果你是杨老师,你会如何设计呢?

(4)单元整体教学设计给你带来了哪些启示?

(5)谈一谈你对基于核心素养的单元教学的认识。

三、分析思路

本案例以语文学科核心素养和单元整体教学设计为切入口,围绕语文学科核心素养的单元教学设计的价值、具体操作步骤,设计了基于语文学科核心素养的单元教学设计,并选择统编版语文教材三年级下册第八单元进行教学设计。

四、案例分析

(一)案例回顾

自 2017 年统编版教材投入使用后,杨老师参加了学校组织的各类培训,她也一直在思考,如何通过单元教学这种方式来促进学生语文学科素养的提升?

在不断的学习和思考后,杨老师进行了基于语文学科核心素养的单元整体教学的尝试。首先,杨老师以素养为本,确定了统编版语文教材三年级下册第八单元的主题与学习目标;接着,在分析教材、课程标准以及学情的基础上进行整体架构,构建了情境化的核心学习任务与活动,层层助推,尝试设计并实施了基于核心素养的单元教学。

(二)理论基础

1. 单元整体教学

从词源上看,"单"意为单一的、独立的;"元"在《说文》中解释为始也,后引申为"起端、根源"以及"基本、基本要素"。"单元"在《汉语大词典》中解释为"相对独立,自成系统的单位",《辞海》则解释为"学习的段落"。单元整体教学是以"单元"为基本单位开展教学的,强调教学的全局性、系统性。基于统编版语文教材单元教学的讨论越来越多,许多学者从"大单元、大概念"的视角出发,建构了单元整体教学的框架。还有的学者基于教材编排体系,关照"人文主题""语文要素",关注教材的编排逻辑与体系,层层推进单元教学。单元整体教学是使统编版教材价值最大化的最优路径,也是当前教学的现实课题。

2. 核心素养

2014 年 3 月,《教育部关于全面深化课程改革落实立德树人根本任务的意见》中出现了"核心素养"这个关键词并成为热点,2016 年,核心素养框架正式形成,以"培养全面发展的人"为核心,核心素养的出现引发了热烈的讨论与关注。2022 年,《义务教育语文课程标准》颁布,新增了有关语文学科核心素养的内容,包括文化自信、语言运用、思维能力、审美创造四个方面。该标准指出,语文课程以立德树人作为根本任务,发挥出语文这门课程的育人功能和基础作用,将发展学生核心素养为目的,培养"全面发展的人。"❶从课程观的视角看,核心素养强调了语文课程的育人价值,语文学科是一门基础性的学科,有着内在的知识体系和逻辑体系。这就要求教师在教学时,不仅要解读教材内容,还要多在教材的知识点和知识体系上下功夫,挖掘语文学科深层次的育人价值,真正

---

❶ 中华人民共和国教育部. 义务教育语文课程标准(2022 年版)[S]. 北京:北京师范大学出版社,2022:1.

做到素养为本的语文教学。从教学观的视角看,核心素养倡导的是"基于知识的教学"。基于核心素养的语文教学不仅要关注知识的学习,还要从知识中挖掘出促进学生精神发展的素养,教学的最终目的是促进学生核心素养的发展与提升。钟启泉认为,核心素养不是由教师直接提出的,而是在阅读与写作实践中不断培养出来的,因此,在培养学生的核心素养时,要设置有助于自发地产生思维与沟通互动的课题及其情境的设计。通过真实性的情境学习,才能促进学生各方面素养的提升。❶

五、课堂设计

(一)时间安排

大学标准课4节、共180分钟:布置和预习2节,上课讨论2节,课堂实践2节,反思总结2节。

(二)环节安排

提前一周利用1节课的时间预习教材内容,并结合问题解决学习进行教学设计→小组讨论设计方案→研读案例→课堂分享与报告→教师点评和学生互评→设计本单元中其他内容→学生实践→教师和学生评价。

(三)人数要求

40人以下的班级教学。

(四)教学方法

以讨论为主,以练习法、讲授为辅。

(五)组织引导

(1)教师布置任务清晰,预习要求明确。
(2)给学生提供必要的参考资料。

---

❶ 钟启泉.基于核心素养的课程发展:挑战与课题[J]. 全球教育展望,2016(1):3-25.

（3）对学生进行教学设计、课堂教学、观点分享等必要的技能训练。

（4）对学生课下的讨论予以必要的指导并给出建议。

（六）活动设计

首先，提前两周布置阅读任务，阅读《义务教育语文课程标准（2022年）》《关于全面加强和改进新时代学校美育工作的意见》和统编版语文教材三年级下册第八单元内容，同时查阅相关文献；然后汇报学习成果；再次由教师点评指导；最后进行总结反思。

六、要点汇总

小学语文教学是培养学生语文素养的重要起始阶段，在学生整个语文学习过程中的意义不言而喻。在新课改的推动下，语文教学正在不断变革，尤其是当下语文核心素养的提出，使得语文教学更加重视语言的建构、审美的鉴赏、思维的发展和文化的传承。这为审视语文单元教学提供了一种新的视角。

（一）学科核心素养下的单元教学设计内涵

语文学科核心素养指的是学生通过语文课程的学习而逐步形成的必备品格、价值观念和关键能力，是技能、知识、情感态度的综合体现。从教学的视角看，语文学科的核心素养是为素养而教，力求打破将语文教学局限于学科本位中而过于重视学科知识的弊端，应该重视语文学科的深层价值，关注学科知识的概念、理论和蕴含在学科知识内容背后的意义、价值等。语文学科核心素养对教学提出了新要求，必然也会要求课堂教学进行转型。基于语文学科核心素养的单元教学设计是为了更好地提升学生的语文学科核心素养，从而开展单元层面的教学预设的过程。在语文学科核心素养的影响下，单元教学设计能够得到改进，单元教学设计在提升学生的语文学科核心素养方面亦起着关键的作用。

（二）学科核心素养下的单元教学设计基本步骤

关于单元教学设计的模式，众多学者仍然还在探索中，当前还没有一个统一的标准。钟启泉教授在《学会单元设计》一文中指出，单元设计一般遵循

"ADDIE 模型"的分析、设计、开发、实施、评价五个要素展开的,教学模型得到许多学者的广泛认同。"分析"指的是分析学情、课标、教材和教学内容等教学要素,最终确定单元学习的目标;"设计"指的是对教材、课程标准的分析后,设计出科学、合理的教学活动;"开发"则是明确了教学的流程和计划,完成教学设计的各项准备工作;"实施"指的是根据已经成型的教学设计开展教学活动;最后的"评价"是基于学生的课堂分享、展示等活动测评学生的学习效果,教师基于评价、反馈进行教学反思。这五个步骤紧密相连、环环相扣。

第十章
劳动教育视域下的小学语文教学探索与案例教学指导

第一节 背景信息

2020 年 3 月,中共中央、国务院发布的《关于全面加强新时代大中小学劳动教育的意见》(以下简称《意见》)指出,劳动教育是国民教育体系的重要内容,是学生成长的必要途径,具有树德、增智、强体、育美的综合育人价值,要把劳动教育纳入人才培养全过程,并与德育、智育、体育、美育相融合,除开设劳动教育必修课程外,其他课程结合学科、专业特点,有机融入劳动教育内容。同年 7 月,教育部印发《大中小学劳动教育指导纲要(试行)》(以下简称《纲要》),进一步明确并强调在课程教材中加强体现劳动教育,同时,规定了在各门学科中融入劳动教育元素,针对不同学段的特点提出了相应的要求。可以发现,劳动教育成为国民教育体系的重要内容,被提升到新的高度和赋予新的教育意义。此后,部分学校开始开展劳动教育实践,根据学校自身的优势和条件设置具有自己特色的劳动教育课程。但更多学校因为种种原因,没有给予劳动教育应有的重视,存在各种各样的问题。2022 年 4 月,教育部颁布《义务教育劳动课程标准(2022 年版)》(以下简称《劳动课程标准》),今后中小学将正式独立开设劳动课程,再次强调了劳动教育在学校课程中的地位。不可忽视的是,在学科专业中有机渗透劳动教育是实施劳动教育的重要途径之一,具体到语文学科,新颁布的《义务教育语文课程标准(2022 年版)》(以下简称《语文课程标准》)中也包含了对劳动教育的要求。我们该如何理解语文与劳动教育的关系?又该如何在小学语文教学中融入渗透劳动教育?这是非常值得思考和探索的问题。

本案例选自 2022 年 4 月,陈老师在教研活动中示范的统编版语文教材二年级下册《千人糕》一课,进行的一次劳动教育尝试。陈老师是一名教学经验丰富的小学语文教师,她是语文教研组组长,善于挖掘教学点,潜心钻研,勇于创新,大胆实践,带领教研组成员们不断前进,探索更多的语文教学可能。

第二节 案例正文

一、如何理解语文与劳动教育的关系

(一)认知缺失,置身事外

陈老师开始思考劳动教育与小学语文教学的关系源于例会上的交流讨论。在一次教研组例会上,陈老师提到,学校正在落实劳动教育的实施,于是教师们纷纷就劳动教育发表自己的想法,有些教师简单地把劳动教育视为体力劳动,并认为劳动教育与语文教学的关联性不大。王老师说:"学校已经准备开设单独的劳动教育课程,班主任可能要更忙了,不仅督促学生值日和大扫除,还要准备班会,我们这些学科教师还轻松些,没有什么要求。"李老师也表示,"劳动教育嘛,主要就是校内劳动、公益劳动、家庭劳动,让学生做志愿服务,做家务之类的,我平时也教育学生要共同维护班级环境,保持干净和卫生。"还有的老师说:"劳动教育主要是对德育主任、班主任和专任教师的要求,我们要是在语文教学中进行劳动教育,也就口头上简单带过几句,和我们学科老师没多大关系。"

对于这些老师的发言,曾老师并不认同,她说:"劳动并不是单一的体力劳动,还包含脑力劳动,或者说是智慧劳动。但事实上,劳动教育会被异化,有些教师会把劳动教育用作"奖励",比如不交作业就"奖励"扫地,上课违反纪律就"奖励"擦黑板,导致学生们不喜欢劳动、不想劳动,这也是新时代要重提劳动教育的原因之一,政策文件里还提到,新时期的劳动教育是五育融合的重要部分,对促进学生全面发展有重大意义,学科渗透也是实施劳动教育的一个重要途径,所以,我认为劳动教育是每一位教师的责任,我们不能漠不关心。"

曾老师的一番发言点醒了包括陈老师在内的教师们,大家开始思考,既然劳动教育是每一位教师的责任,那么作为小学语文教师我们能做些什么呢?

(二)意识觉醒,反思探索

陈老师认为有必要研讨细读劳动教育的相关政策文件,充分认识劳动教育的内涵和价值,并厘清语文和劳动教育之间的关系。一段时间后,恰逢《义务教育语文课程标准》和《义务教育劳动课程标准》正式颁布,陈老师便组织教研组的所有教师开展了一次劳动教育专题研讨会,就语文与劳动教育的相关问题展开了交流讨论。在研讨会上,一起研读了《意见》《纲要》《语文课程标准》《劳动课程标准》等政策文件后,教师们对劳动教育有了清楚的认知,知道劳动课程的核心素养是劳动观念、劳动能力、劳动习惯和品质、劳动精神,纷纷表示意识到劳动教育的重要性,发现了劳动教育树德、增智、强体、育美的综合育人价值,也开始反思自身在以往教学中忽视劳动教育。

陈老师认为,《纲要》中对语文等学科提出的三个"纳入"、一个"加强",体现了语文与劳动教育的强关联性,以及劳动教育在语文学科中的思想性。同时,陈老师发现《语文课程标准》与劳动教育有很多契合点,在语文中存在不少劳动教育元素,比如,在社会主义先进文化主题里,载体包含反映劳动创造美好生活的作品;在"实用性阅读与交流"这一发展性学习任务群中,要求学生学习劳动模范的事迹;在"跨学科学习"这一拓展性学习任务群中,提到要综合运用语文、道德与法治、科学、劳动等多方面的知识和技能,对于不同学段有不同的内容要求。最终,陈老师在学习和讨论中,认识到为什么要在语文中融入和渗透劳动教育,并明确了语文和劳动教育的关系,她说:

《纲要》里提到,语文学科本身含有劳动教育元素,如选文涉及马克思主义劳动观,勤劳、节俭、艰苦奋斗等劳动精神,劳动习惯和品质等,新颁布的《语文课程标准》里也有劳动教育元素。因此,语文教学融入、渗透劳动教育是具有可行性的,接下来就需要厘清语文教学与劳动教育的关系,这是在语文教学中融入和渗透劳动教育的前提和基础。结合前面的学习,陈老师认为,第一,语文是实施劳动教育的重要途径,语文教学推动劳动教育的发展,政策文件中也明确指出劳动教育的途径包括在学科专业中进行有机渗透;第二,劳动教育是语文教学的一项任务,劳动教育推动语文教学落实五育融合理念。语文教材中蕴含劳动教育资源,语文课程的特征与劳动教育目标相契合,同时,教育是培育完整的人的一项整合的事业,现在所推崇的"五育融合"强调的正是教育的整体性和完整性,我们要从传统的五育单一开展的状态转向相互渗透的融通状态,所以,我们要认识到劳动教育的时代意义和对学生全面发展的重要性以及"五育融合"的价值,不再只是做好"传道、授业、解惑"的基本工作,还要在语文教学中注重对学生劳动素养的培养,把劳动教育作为语文教学的重要任务,在实践中认真贯彻落实。语文教师要承担起学科融入和渗透劳动教育的这份责任。

在研讨会上,陈老师还强调了"五育融合"的重要价值,认为在语文教学中融入和渗透劳动教育是"五育融合"的一种体现。她说:

《意见》和新课标里均提到,劳动教育要与德育、智育、体育、美育相融合,在语文教学中,我们可能觉得语文才是最重要的,只是依据语文的课标,有劳动教育的相关内容稍微讲讲就行了,这是不对的。现在我们要摒弃这种想法和做法,追求五育融合式的教学。因为五育是相互融会贯通的,唯有五育融合才能培养出全面发展的新时代人才,不能只关注学科自身或只进行"一育"教学。

陈老师从政策文件和课程标准中找出了在语文教学中融入和渗透劳动教育的依据,得到了全体教师的赞扬和认同,大大提高了在座教师们的劳动教育责任感和使命感,不再片面地认为语文劳动教育与语文教学无关,并为在语文教学中融入和渗透劳动教育实践指明了方向。陈老师以及教研组的其他教师们厘清了语文与劳动教育的关系,对劳动教育有了新的认识,在陈老师的带领下,教师们开始尝试探索并付诸实践。

二、如何在语文中融入和渗透劳动教育

在厘清语文与劳动教育的关系后,陈老师的劳动教育意识不断提高,但仍然感到很困难,如语文的劳动教育目标是什么? 在语文中融入和渗透什么内容? 如何融入和渗透劳动教育? 陈老师首先要解决这些大问题,再聚焦到具体的教学实践中。

(一)目标:围绕语文

陈老师认为,劳动教育和学科的最终目标都指向学生德智体美劳的全面发展,具体来说,培育劳动素养的要求也与学科教学有不同程度、不同方面的叠合,她在课程标准中找到了语文与劳动教育目标的契合点。

语文教学渗透劳动教育的主要目标是什么、怎么做才能让目标得以实现,这是我们首要关注的。《劳动课程标准》中提到,劳动课程的核心素养,也就是学生需具备的劳动素养为劳动观念、劳动能力、劳动精神、劳动习惯和品质四个方面,陈老师认为可以把这四个方面作为劳动教育目标的参照维度。而在《语

文课程标准》中,文化自信是语文核心素养之一,课程内容有对中华优秀传统文化、革命文化和社会主义先进文化的学习,新课标中的劳动教育元素主要侧重学生的劳动精神、劳动习惯与品质、劳动观念,较少涉及劳动能力这一素养,当然如果课文中有劳动教育的知识也不能忽视。所以,围绕语文课程的目标,陈老师觉得还是要强调劳动教育的思想性,确定语文教学中的劳动教育目标主要是培养学生的劳动精神、劳动观念、劳动习惯与品质。

陈老师在确定了劳动教育目标后,进一步思考并探索怎么做才能实现目标。

(二)内容:立足教材

陈老师十分重视对统编版教材的钻研,她认为,要确定融入和渗透什么内容以及如何融入和渗透,最终还是要回归到教材上,教材是学科教学的主要资源及内容依据,深入教材探寻劳动教育的具体内容为劳动教育奠定了良好的基础,因此,需要仔细钻研语文教材,在文本分析中深挖劳动教育资源,梳理教材中的劳动教育要素,明确劳动教育内容。经过学习和思考后,她说:

作为教学内容的载体之一,教材发挥着至关重要的作用。教师要理解和把握教材,这对学生知识的获取与掌握至关重要。小学语文教材中既包含显性劳动教育资源,也包含隐性劳动教育资源,显性劳动教育资源是现有的、可以直观感受的教学资源,如文字、教学目标等;隐性劳动教育资源主要指课文中潜藏的情感、态度、观念等。裴娣娜曾指出:"在语文教学中,更是如此。表面的文字只是作者内心思想感情的载体,真正的意义隐含在文字背后。"语文教材的一篇篇选文中蕴藏着隐性劳动教育资源。如果把语文教学仅定位于显性固定知识,而不去挖掘其隐性教育资源,语文教学就会变得浅薄且毫无深度。因此,教师需要挖掘、开发教材选文中隐性的劳动教育资源,并合理有效地利用相关资源进行教学。

在确定劳动教育内容上,陈老师发现制定劳动教育要素清单是一个很好的方法,她说:在确定劳动教育内容时,要结合教材分析,如单元的语文要素、选文的劳动教育要素等来确定要融入什么内容,培养哪些劳动素养,并制定劳动教育要素清单,进而掌握劳动教育教学目标。以二年级上册识字的第4篇《田家四季歌》为例,这是一首儿歌,学习这门课,既可了解一年四季农作物生长和农事活动常识,又能感受辛勤劳动带来的愉悦,它的劳动教育要素便是"培养劳动意识、珍惜劳动成果、尊重劳动工作者",所需培养的学生劳动素养为劳动观念、劳动习惯和品质。

(三)路径:四大版块

陈老师在思考劳动教育的具体实践路径时,发现《语文课程标准》中将每学段的"阅读"改为"阅读与鉴赏",将"写作""口语交际"合并为"表达与交流",将"综合性学习"改为"梳理与探究",保留"识字与写字",具体内容有所整合和增加。对此,她说:过去,口语交际、阅读、写作、识字与写字、综合性学习是语文教学的五大版块,现在,新课标将其合并调整为四大版块,并要求教师把握这四个方面整体交融的特点,设定教学目标时既有所侧重,又融为一体。我就在想,是不是可以从这四个不同的方面去开展侧重于不同劳动素养的劳动教育,可以在"表达与交流"中选择劳动题材,组织学生交流劳动感悟,促进学生对劳动知识、情感、观念的掌握与形成;在"阅读与鉴赏"中解读劳动文本,通过课文传授给学生劳动知识、激发学生劳动情感、形成正确劳动观念等;在"梳理与探究"中开展活动体悟劳动,这不仅能让学生巩固所掌握的劳动知识,还能使其加深劳动情感、巩固劳动观念。

至此,陈老师已经对在语文教学中融入和渗透劳动教育有了整体清晰的认识和规划,明确了劳动教育目标的划分依据,以及在不同版块教学中有不同的劳动教育侧重点。

(四)理念:劳育引领

陈老师认为,在语文中融入和渗透劳动教育需要遵循一定的理念。要树立劳育引领的基本理念,积极选择文本调动学生学习的积极性,激发劳动情感,引导学生正确认识劳动,培养劳动观念和劳动精神;课内外启发学生热爱劳动,培养良好的劳动能力、劳动习惯和品质。同时,语文教学不能因为有劳动教育要素而完全忽视语文相关知识能力的学习,要突出"语文性",注意与实际生活相关联,因此,教师还要树立生活化的理念,营造生活化的课堂氛围,选择和确定生活化的渗透目标和方法。

为了取得实质性的进展和突破,李老师聚焦到一篇课文,以二年级下册第6

篇《千人糕》第二课时为例进行探索。《千人糕》是一篇歌颂劳动成果的课文,含有显性劳动教育资源,而这一单元的语文要素是"读句子,想象画面,试着有感情朗读课文",陈老师试图结合语文要素,梳理劳动教育要素,精心设计教学过程,以实现五育融合。

在阅读教学中,朗读、感悟是主要的教学方法,因此,在《千人糕》这一课中,陈老师确立了劳育引领、生活化的教学理念,她认为可以通过默读、分角色阅读等朗读形式,使学生感受劳动之情;抓住重点词句,理解劳动的具体内涵;借助课文插图,感悟劳动之美;联系生活,体会劳动不易。通过仔细研读文本,陈老师确定了本节课的劳动教育要素,包含知道千人糕的制作过程,明白珍惜劳动成果的道理,树立自己的事情自己做的意识,提高生活自理能力。劳动教育目标则为:①树立正确的劳动观念,尊重劳动,尊重普通劳动者。②掌握基本的劳动知识和技能。③养成良好的劳动习惯和品质,珍惜劳动成果。

三、《千人糕》的教学设计与实施

陈老师认为,要培养学生的劳动素养,就要充分发挥语文学科的优势,在阅读教学中注重朗读、理解文本,并把教材中的劳育延伸到日常学习和生活中,还要让学生在劳动实践中感受、体验。在确定劳动教育要素和劳动教育目标后,陈老师进行了《千人糕》第二课时的教学实践。

(一)提问导入,集思广益

经过第一课时的学习,学生掌握了基本的生字词,并知晓文本是爸爸和孩子的对话,讲的是千人糕的故事,陈老师在让学生复习完上一节所学的知识后,通过题目进行提问导入,调动学生的积极性,引导学生思考。

片段一:
师:同学们,我们所学的课文题目叫《千人糕》,那我们平时吃的米糕和千人糕有什么相同点和不同点呢?同学们可以相互讨论一下。
(学生进行讨论)
师:米糕和千人糕的相同点是什么?
生1:都是大米磨成粉后加入一些糖。
师:好,那不同的地方呢?

生2：名字不一样。

生3：千人糕是由一千个人做出来的！

师：那我们来看一看是不是你们说的这样，让我们再次进入课文。

（二）自由朗读，了解千人糕

陈老师认为，阅读教学中很重要的一点是鼓励学生自主阅读，自由表达，并通过朗读，感受文中孩子心情的变化，进而更好地了解千人糕。

片段二：

师：请同学们自由、有感情地朗读课文。

（学生朗读）

师：同学们，读完第1～5自然段，能说说你有什么问题吗？

生1：千人糕一定比桌子大吗？

生2：什么是千人糕？

生3：千人糕真的是一千个人做的吗？

师：很好，让我们带着这些问题等会继续往下看。

师：除了这些问题，你又从中读懂了什么呢？

生1：我从孩子的问话、想法中感受到了孩子的好奇。

生2：我从孩子"笑了"和孩子的话"这就是平常吃过的米糕嘛！"感受到了孩子的不以为然。

师：孩子刚开始听到爸爸说千人糕时，感到十分好奇；后来看到千人糕就是平常吃过的米糕时，变得不以为然。你们能把孩子心情的这种变化通过朗读表达出来吗？

（学生朗读，教师指导）

师：第一句是孩子第一次听爸爸提起千人糕时产生的疑问，说明孩子对千人糕很感兴趣，同学们再读一遍，读出好奇的语气。

师：第二句，孩子尝了爸爸说的千人糕后觉得并没有特别之处，"嘛"后是感叹号，语气要上扬一点，读出孩子不以为然的语气。

师："这糕要很多很多人才能做成，一定特别大，也许比桌子还大吧？""难道它的味道很特别吗？"这两句话中都有"特别"这个词，它们的意思相同吗？

生：不同，第一句中是"非常，十分"的意思，第二句中是"与众不同"的意思。

师：说得没错，这两个句子是孩子听爸爸解释什么是千人糕和看到米糕后心里进一步产生的疑问,所以在第一句朗读时语气相对平和,第二句朗读时语气要相对强烈一些,两句中的"特别"要比较着读。

(三)精读鉴赏,感悟千人糕

1.分角色朗读,读出情感

陈老师认为,分角色朗读能够读出不同角色、不同语气和内在蕴含的感情,提高学生的理解能力。因此,陈老师设计了师生对读和生生对读两个环节,先是教师读爸爸的话,学生读孩子的话,读完之后互换角色读。然后,男生读爸爸的话,女生读孩子的话,再互换角色读。

片段三:

师:我们分角色朗读完了第1～7自然段,接下来老师要提出问题了,这糕看上去是什么样?吃起来是什么样?

生1:看上去跟平时吃的没什么两样。

生2:这就是平常吃过的米糕嘛!

师:这是什么句式呢?

生3:感叹句。

师:谁愿意把感叹句变成肯定句,美美地读一读?

生:这就是平常吃过的米糕,您给我买过。

师:好,让我们齐读一次变成肯定句后的这句话。

(学生齐读)

师:孩子对于米糕从最初的好奇到不以为然。那么米糕是怎么做的呢?

生:是把大米磨成粉做的,还加了糖。

师:这个制作过程是像孩子说得这么简单吗?

生:不是。

2.默读鉴赏,体会劳动不易

陈老师引导学生通读课文就可以知道创作千人糕是需要很多很多人的劳动,所以才叫千人糕。通过抓住关键词"很多很多",学生们能够领悟到"看起来平平无奇的东西其实来之不易,应该珍惜劳动成果"的道理,以此把握劳动的深层内涵。

片段四:

师:同学们默读课文第8—14自然段,请做到不出声、不动唇、不指读,边读边想,爸爸的话告诉了我们什么?一块普通的米糕要很多很多的人才能做成,这是为什么呢？

生1：千人糕是"需要很多很多人的劳动才能做成的糕"。

生2：一块平平常常的糕，经过很多很多人的劳动，才能摆在我们面前。

师：说得非常好，这么一块小小的、平平常常的米糕，为什么还需要很多很多的人来做呢？

生：因为糕是大米做的，大米需要磨成粉，还要加糖。

师：大米是怎么做成的呢？

生1：大米是由稻子加工来的。

生2：大米是农民伯伯种的水稻，把稻子收割，打成稻粒，再进行加工后磨成的。

师：你们怎么知道这么多？

生1：因为我爷爷就是农民，他种过水稻，还做了好多好多事情呢！

生2：老师，我去过农村，我还看到过农民在田里插秧，种一块地需要好多人呢！

师：是的，单单种水稻就需要经过很多很多人的劳动，做成米糕还有哪些劳动过程呢？

生：做米糕还需要糖。

师：糖是怎么来的呢？

生：是熬出来的。熬糖需要工具和火，需要有人负责安全，这需要多少人的劳动啊！

师：米糕做好后还要干什么呢？

生1：等米糕制成了，还得包装、运输、销售，这也需要很多人的劳动！

生2：米糕放在超市里卖，超市里还要有摆货、收银的人。

师：所以，这小小的米糕才被人们称为——

生：（齐说）千人糕！

师：同学们，你们现在还觉得这千人糕是平平常常的吗？

生：不平常，它是由好多好多勤劳的人做成的。

师：是的，这的确应该叫千人糕，课文里的孩子变得心服口服，你们也心服口服了吧！其实身边的任何一件物品都需要很多很多人共同合作和共同劳动，才能摆在我们面前。

(四)欣赏插图,联系实际生活

陈老师认为,教学的本质是要与学生的实际生活联结在一起,如果离实际生活太远,学生不易理解,难以转化为自己的精神观念。新课标中的课程理念也强调,注重课程内容与生活、其他学科的联系。在完成课文学习后,陈老师让同学们看着插图(图 10-1),一一说出千人糕的制作过程。接着,让学生举例说明其他需要很多人劳动的物品,再出示衣服的图片(图 10-2),让同学们联系实际生活说一说。

图 10-1　千人糕的制作过程

片段五:

师:不仅米糕要经过很多人的劳动,所有的物品、食品都需要经过很多人的劳动。你们能举个例子说一说吗?

生 1:文具。

生 2:冰激凌。

生 3:衣服。

师:衣服的制作需要什么?说的时候可以用上"先""然后""还要"等词语,做到语句通顺连贯。

根据千人糕的制作过程,说说衣服的制作工序

讨论:一件衣服经过哪些人的劳动才能制成?

图 10-2　课件

（课件出示种棉花、摘棉花、纺纱、织布、服装加工、销售的图片）

生：衣服也要经过很多人的劳动，农民伯伯要先种棉花，然后摘棉花，摘好的棉花送去工厂后，工人们还要纺纱，进行服装加工，最后运到商场和服装店里，我们才能买到衣服。

师：说得非常对，那么这样需要很多很多人制作的衣服可以叫什么呢？

生：千人衣！

师：很好，不只是衣服，我们现在用的铅笔啊，看起来平平凡凡、普普通通，其实都是经过很多很多人的劳动才做成的，所以，同学们要知道劳动成果的得来是非常不容易的，农民伯伯和工人们特别辛苦，我们更应该好好珍惜所有的物品，珍惜他人的劳动成果。不仅如此，我们还要养成自己的事情自己做的习惯，如穿衣、扫地，将来才能成为千万劳动者中有用的一员，为社会做出自己的贡献。

生：（点头）

师：回家后，同学们可以和大人一起说说制作衣服的劳动过程，还可以把你知道的劳动故事说给家人听，并且学会独立完成三件自己的事情，下次课说给老师和同学们听。

四、反思——劳育渗透的收效

陈老师说："布置了课后实践任务后，从家长和学生们那里收到了积极的反馈，在班级群里收到了同学们独立完成事情、做家务的视频和照片，家长们也表示，孩子会给自己讲劳动故事和课文里所学到的东西。"劳动教育不能只是纸上谈兵，还需要动手实践，重视学生的劳动体验，达到身心合一。体会劳动成果的来之不易，珍惜劳动成果，提高生活自理能力是本课的劳育目标，陈老师认为，本节课已经实现了预期的目标，学生的积极性超出原先的期待。

陈老师指出，本节课实现了以下教学目标。①理解课文内容，知道千人糕的制作过程。②默读课文，能借助图画说出米糕从制作到销售的全过程。③有感情地朗读课文，体会珍惜劳动成果的道理。④联系自己的生活，举例说明劳动成果的来之不易。

在学生学完课文，弄清"千人糕"的制作过程后，陈老师引导学生联系自己的生活实际，借助图片，发挥想象，说说一件物品的产生过程，从而感悟劳动的不易，懂得珍惜他人的劳动成果。陈老师认为，语文教学要联系生活实际，为学生提供丰富的学习经历,只有这样,学生在此基础上获得的认知才是深刻而真切的。

五、结语

陈老师从"语文和劳动教育的关系是什么""语文教学中渗透什么劳育内容"和"怎样渗透劳育"三个方面呈现了小学语文教学融入和渗透劳动教育的演变历程和设计思路。在实践部分,陈老师呈现了《千人糕》第二课时的教学。陈老师也反思了教学的成效,实现了预期的教学目标。因此,陈老师在上课时,融入和渗透了劳动教育,践行了劳育引领的理念。

当前,以陈老师为代表的语文老师们踊跃尝试,动力十足,大胆探索,不断创新和实践,引来了学校管理人员和其他学科教师们对学科中渗透劳动教育的关注和重视,学校计划组织开展劳动教育进课堂的教学比拼,旨在把劳动教育落到更实处,推动多学科渗透劳动教育。未来,教师们仍要持续关注,坚持学习,丰富自身理论储备,加强实践。

第三节 教学指导书

一、教学目标

通过对《劳动教育视域下的小学语文教学探索》这一案例的讲解和分析,学生能了解到一线小学语文教师探索语文教学中融入和渗透劳动教育实践方面的经验与策略;在劳动教育的相关理论指导下、在案例的启发下尝试探索劳动教育视域下的小学语文教学路径。

(一)适用课程

本案例主要适用于《小学语文教材分析与教学设计》之教材解读和教学设计;同时适用于《小学语文课程与教学论》《课程与教学论》课程的教学设计和前沿问题讲解。

(二)教学对象

本案例主要为小学教育专业硕士教学开发,也适用于全体教育硕士和小学教育专业本科生。

（三）具体教学目标

· 理解劳动教育的内涵，理解语文和劳动教育的关系。

· 了解语文教学中渗透劳动教育的目标、内容、路径和理念。

· 了解劳动教育在小学语文教学中的作用，获得语文教学中融入和渗透劳动教育实践方面的经验与策略。

· 以培养学生劳动素养的教学设计为基础，获得小学语文阅读教学设计的知识与经验，提高学生教学设计能力。

二、启发思考题

· 阅读本案例，你是如何看待陈老师进行教学改革尝试的？

· 陈老师是如何确定劳动教育的内容和目标的？

· 陈老师是如何进行《千人糕》第二课时的教学设计的？ 如果你来设计这部分内容，你会遵循怎样的设计思路？

· 陈老师以《千人糕》为例的教学实践给你带来哪些启示？

· 简述你对劳动教育的理解和学科渗透的认识。

三、分析思路

本案例分析的核心是基于陈老师的主动探索行为来理解教师进行劳育渗透教学改革的过程。通过对本案例的分析，使学生思考如何对语文融入和渗透劳动教育进行设计，包括理解掌握"语文与劳动教育的关系""语文中的劳动教育目标是什么""融入和渗透什么内容""怎样融入和渗透"等问题。

四、案例分析

语文教学中融入和渗透劳动教育是落实"把劳动教育纳入人才培养全过程，贯通大中小学各学段，贯穿家庭、学校、社会各方面，与德育、智育、体育、美育相融合"的学科路径。

（一）案例回顾

陈老师在一线教学多年，具有丰富的教学经验，时常参加统编版语文教材和语文教学的各种培训,但在没有成为教研组组长之前,仍按照自己的"经验"教学,尚未考虑当前相关政策、要求,用以不变应万变的态度应对各种改革要求。

正是因为在教研组对劳动教育的讨论中,陈老师受到很大的启发,在主动探索中,明确了作为语文教师需承担劳动教育的一份责任,开始思考语文与劳动教育的关系,开始将劳动教育融入和渗透小学语文教学中。在具体实践中,陈老师围绕课程标准确定劳动教育目标;深入统编版教材挖掘劳动教育内容;基于"识字与写字""阅读与鉴赏""表达与交流""梳理与探究"四条路径设计侧重点不同的劳育;遵循劳育引领、生活化的理念,设计《千人糕》第二课时的教学,从目标、内容、过程中渗透劳动教育,进而走上融入和渗透劳育的探索之路。

(二)理论基础:劳动教育

劳动教育是发挥劳动的育人功能,对学生进行热爱劳动、热爱劳动人民的教育活动。劳动教育的核心是培养学生的劳动素养,主要包括劳动观念、劳动能力、劳动习惯和品质、劳动精神。郝志军指出,学科课程与教学是全面实施劳动教育的基本载体和途径,学科课程融入和渗透劳动教育是基于学校教育教学层面全面落实新时代劳动教育的现实需求,也是促进学校劳动教育常态化、科学化和制度化的主要举措。❶ 学科课程融入和渗透劳动教育既体现了五育融合的理念,也是一种促进学生全面发展的教育形态。在这一发生机制中,以劳动元素与劳动教育为触发点,使劳动教育和学科教学发生碰撞与融合,进而激活各学科综合育人潜能。❷ 可以看出,学科渗透劳动教育具有综合育人价值。

(三)劳动教育理论的分析

在《意见》《纲要》政策的指引下,学术界开始研究劳动教育的融入和渗透理路,为学科融入和渗透劳动教育实践提供经验。许锋华等学者聚焦多学科渗透的劳动教育新形态,对其进行了实践框架设计,为本案例的分析提供了参考。

---

❶ 郝志军.学科课程渗透劳动教育:理据与路径[J].中国教育学刊,2021,(05):75-79.
❷ 许锋华,陈俊源.多学科渗透:中小学劳动教育新形态[J].广西师范大学学报(哲学社会科学版),2021,57(02):102-113.

1. 目标渗透

劳动教育与学科课程均指向德智体美劳全面发展。因此,可以通过立足学科目标,寻找与劳动教育的目标契合点。基于课程标准统合目标,比对劳动素养和学科课程目标,注意发现不同学科具备不同的劳动教育侧重点。

2. 内容渗透

教材是教学的落脚点。深入教材挖掘显性劳动教育资源和隐性劳动教育资源,结合教材中的选文选材制定劳动教育要素清单,明确劳动教育内容和劳动教育目标。

3. 过程渗透

在学科教学中把握并找准合适的切入点,遵循寓劳于育原则,灵活渗透,尊重学科逻辑,提倡个性化的学科渗透方式,重构教学设计、教学过程、教学评价、教学反思。

(四)陈老师教学探索的分析

新时代劳动教育的落实需发挥教师的积极性与能动性,教师的劳动教育素养决定了劳动教育的效果,进而影响学生劳动素养的培育成效。

1. 定位目标

陈老师在受到一系列启发并进行主动探索后,厘清了语文与劳动教育的关系,发现《纲要》中对语文学科渗透劳动教育的要求,以及《语文课程标准》中与劳动教育的契合点,明确劳动教育职责,确立劳动教育目标,注重语文融入和渗透劳动教育的思想性。

2. 深挖内容

陈老师从培育劳动素养的角度整体解读教材,并结合单元语文要素"读句子,想象画面,试着有感情朗读课文"进行教学设计,挖掘《千人糕》一课中的劳动教育要素,制订了三个劳动教育目标。

3. 突出"语文性"

陈老师在进行教学设计时,遵循劳育引领、生活化的教学理念。在教学过程中,使用朗读、感悟等教学方法,通过多种朗读形式,使学生感悟劳动不易,结合实际生活,让学生体会珍惜劳动成果的道理,布置"独立完成自己的三件事情"这一课后任务,让劳动观念转化为劳动实践。

五、课堂设计

(一)时间安排

大学标准课 4 节、共 180 分钟:布置和预习 1 节,上课讨论 1 节,课堂实践 1 节,反思总结 1 节。

(二)环节安排

提前一周利用 1 节课的时间预习《千人糕》这篇课文,并结合问题解决学习进行教学设计→小组讨论设计方案→研读案例→课堂分享与报告→教师点评和学生互评→设计本单元中其他内容→学生实践→教师和学生评价。

(三)人数要求

40 人以下的班级教学。

(四)教学方法

以讨论为主,以练习法、讲授为辅。

(五)组织引导

(1)教师布置任务清晰,预习要求明确。
(2)给学生提供必要的参考资料。
(3)对学生进行教学设计、课堂教学、观点分享等必要的技能训练。
(4)对学生课下的讨论予以必要的指导并给出建议。

(六)活动设计

1.提前两周布置阅读任务

阅读《义务教育语文课程标准(2022 年版)》《义务教育劳动课程标准(2022 年版)》《关于全面加强新时代大中小学劳动教育的意见》《大中小学劳动教育指导纲要(试行)》和统编版语文教材中的《千人糕》,同时查阅小学语文教学中的劳动教育实践等相关文献。

2. 组内讨论与交流

为每个小组提供一张小组讨论记录表，记录小组成员的发言情况和问题清单。

3. 小组汇报与分享

汇报中，每位同学做好记录并进行录像，以便提问、互动与反思。

4. 点评与指导

教师对小组的教学设计进行点评，适时地提升理论，把握教学的整体进程。

5. 总结与反思

课后各小组根据汇报的情况，及时总结和反思，进一步改进与完善案例教学。

六、要点汇总

《纲要》指出，劳动教育是新时代教育发展的新要求，是中国特色社会主义教育制度的重要内容，是全面发展教育体系的重要组成部分，学科融入和渗透劳动教育的教学实践仍需进一步探讨。从陈老师的教学探索可以看出，要在实践中进行劳动教育需要聚焦真行动，围绕目标、内容和过程三方面渗透劳动教育。

因此，在本案例的教学过程中，主要教学知识点如下所示：

（一）劳动教育

劳动教育作为德智体美劳全面发展教育体系的重要组成部分，被纳入学校教育的新课程体系，推动劳动教育的实施是新时代教育变革与发展的基本趋势。

因此，在教学过程中，学生要理解新时代重申劳动教育的重大意义，掌握劳动教育的基本内涵和价值，了解学科渗透是开展劳动教育的途径之一。

（二）语文与劳动教育的关系

厘清语文教学与劳动教育的关系，是在语文教学中融入和渗透劳动教育的前提和基础。从政策文件、课程标准、统编教材三大方面可以发现，语文学科与劳动教育有着天然的联系，语文是劳动教育的强关联学科，《语文课程标准》中的课程目标和内容与劳动教育有着契合点,统编版语文教材中含有大量的劳动教育要素。

因此,在教学中要结合案例,引导学生把握语文与劳动教育的关系和在语文教学中融入和渗透劳动教育的依据。

(三)学科融入和渗透劳动教育的实践框架

许锋华等学者设计的实践框架主要包含确立劳动教育与学科的目标契合点、教材落脚点以及实施过程的切入点三个主要方面,以实现劳动教育目标、内容与过程的渗透。具体到某一学科,教师应该如何在教学中应用该框架值得进一步探索。陈老师基于学习和探索,从劳动教育的视角解读《千人糕》,挖掘《千人糕》中的劳动教育要素,制定劳动教育目标,开展教学设计并进行实践,探索了在小学语文教学中融入和渗透劳动教育的可能性。

因此,在教学中,结合陈老师的探索历程,教师应更新观念,重构教学,将劳动教育贯穿于教学设计、教学过程、教学评价和教学反思等过程中。

第十一章

自然教育视野下小学语文写作教学探索与案例教学指导

第一节　背景信息

新的课程标准规定了5～6年级学生在表达与交流方面的具体要求，"懂得写作是为了自我表达和与人交流。养成留心观察周围事物的习惯，有意识地丰富自己的见闻，珍视个人的独特感受，积累习作素材""能写简单的纪实作文和想象作文，内容具体，情感真实"。同时，新的课程标准还指出，要加强课程内容与学生经验、社会生活的联系，强化学科内知识整合，统筹设计综合课程和跨学科主题学习。这些要求无不在强调要加强儿童与周围世界的联系、留心观察周围事物。而这正与自然教育的理念不谋而合，自然教育所倡导的"融入、系统、平衡"三大法则正在被尝试着运用于课堂教学，但在具体实践的过程中还有待进一步改进。

"自然教育"是以自然环境为背景，以人类为媒介，利用科学有效的方法，使儿童融入大自然，通过系统的手段，实现儿童对自然信息的有效采集、整理、编织，形成社会生活有效逻辑思维的教育过程。真实有效的大自然教育，应当遵循"融入、系统、平衡"三大法则。从教育形式上说，自然教育，是以自然为师的教育形式。人，只是作为媒介存在。自然教育应该有明确的教育目的、合理的教育过程、可测评的教育结果，实现儿童与自然的有效联结，从而维护儿童智慧成长、身心健康发展。苏霍姆林斯基认为，教育应该遵循幼儿的自然本性，让幼儿接近自然、了解自然、认识自然。在《把整个心灵献给孩子》一书中，苏霍姆斯基将孩子们带到自然的国度，"儿童思想的本性就要求有诗的创作，美与活跃的思想犹如阳光与花朵一般，是有机地联系在一起的。诗的创作始于目睹。大自然的美能锐化知觉，激发创造性思维，使言语为个人体验所充实。"而苏霍姆林斯基将自然教育运用到了学生写作活动中,所谓"自然教育",不仅有"在自然中"(in)的教育、"关于自然"(about)的教育,更重要的是"为了自然"(for)而行动的教育。这个过程会丰富儿童的经验,让写作变得更加生动而富有生趣。

第二节　案例正文

春雷响,万物生,春天对于儿童无疑是一座瑰丽的宝库,行走在家乡的土地上,用身体的尺度理解自然的尺度,产生对土地的热爱,对自然生命的尊重。拉进儿童与自然的内在联系,让儿童在真实的世界里学习创作,用文字表达出最真实的情感。如何让儿童和自然重新建立起深度有效的联结?如何将自然引入语文写作课程中?某小学5年级语文老师原老师在"介绍一种事物"的写作课上展开了探索。

一、距离——"千篇一律"中建起"空中楼阁"

(一)现实:"千篇一律"

原老师一直在思考如何能够让学生的作品变得形象、生动起来,因为他们的写作就像用统一的公式进行套用,生硬而毫无真实情感可以言说,这一度愁坏了原老师。她说:"我一直在给学生们说,要表达真情实感,要写实打实的东西,不能总写一些生搬硬套的内容。总是说写作来源于生活,但是孩子们的生活又不是我们能在课堂上教授的知识,对于孩子们的感受,作为老师的我们也不能把握,这也就导致我们只能一再强调让学生去真实地表达,但是如何记录生活中的真实情况,这一度让我很苦恼。"

原老师的烦恼主要来源于两个方面,一方面是课外实践活动少,缺乏素材积累。由于儿童的认知能力有限,其写作的开展更是要基于日常生活的阅历,如果没有素材的积累,儿童的写作便会千篇一律、空洞乏味。另一方面是教师教学水平低,教学理念缺乏创新。教师总是让儿童去模仿,去背诵好词好句,但书本上的好词好句真的"好"吗?如果没有经过儿童的内化,表达出来的东西宛若没有灵魂的空壳。一次偶然的机会,原老师在学校的组织下参加了自然教育课程的学习,这次的学习让原老师打开了教学的新窗口。在谈到自然教育的时候,原老师有自己的见解:"在接受了自然教育的研讨学习之后,我觉得这个理念涉及教育、心理、健康、艺术、环境保护等多学科的交叉,这有利于学生们的全面发展,同时直接益于写作的教学,但是具体操作起来还是有一些难度。"

对于自然教育这教学方式,要想很好地实施课堂教学,还需要原老师在实践中不断探索和学习,于是经过一段时间的准备,原老师精心设计了一堂融入自然教育的习作课。

(二)理想:"空中楼阁"

在写作教学中,教师总是事先向学生介绍写作技巧和阅读分析,没有给学生独立研究的空间,这使得学生的写作兴致都不高,导致学生缺乏写作能力。例如,农村的天空、田野、庄稼、花树虫草、人、事都是很好的写作自然素材,而好多学生却表现出老虎吃天——无处下爪。因为他们缺乏引导观察,所以写起来困难重重。在这方面,原老师说:"不是我们想教这些技巧,而是这些技巧是根本的,只有掌握后才能顺畅地表达,使学生写出来的东西更加规范。但是由于一直用传统的教学法,导致这种讲授式的方法用在写作课堂上总是有一种在建空中楼阁的感觉,我们不知道要怎么讲、学生也不知道要如何用。"

此外,在当前的写作实践中,原老师还谈到"由于缺乏对写作对象的把握能力,学生无法清晰地描述事物的形象及事件的经过,从而导致部分学生的写作空洞而没有灵魂,学生不明白他们为什么要写这些联系,也不能把他们看作生活的一种表达方式,而是把这种学习当作一种负担、一个任务"。这些都是由于教师对学生的语言组织能力缺乏重视,导致学生的语言组织能力下降,这样写出来的作文犹如空中楼阁,没有真实的体验去支撑写作内容,最终导致学生写作能力一直原地踏步。但是自然教育倡导动手动脑的体验式学习,让原老师对于写作教学又有了新的期待,她想让自然教育能够为学生的写作打好"地基",这样一来建起创作的"高楼大厦"便不成问题了。

二、渗透——自然教育无声融入写作

自然教育要走入小学语文教学日常,渗透到儿童的语文写作中,然而在实际操作过程中要拿什么渗透? 如何渗透? 这是教师在开展写作教学中需要清楚掌握的。根据教育心理学理论,弗里德·威廉·莱布尼茨说过:"世界上没有两片完全相同的树叶。"事物是这样,学生的心理更是如此,即使参加同一个实践活动,也会有不同的心理感受,这就有助于让学生收获不同的情感体验,写出各具特色的作文。相比教师单方面的传授,自然教育更能焕发学生异彩纷呈的想法。因为对于写作,没有一套教材、一套课程,适用于所有场域。

(一)内核:灵感来源于自然

大自然是一本读不完的"百科全书",一幅看不透的美妙画卷,是孩子们成长的最好教材,同时也是写作灵感的不竭源泉。在面对学生写作的难题时,教研组的张老师说:

"大自然是最好的教学素材,也是开展写作课的最佳教材,让孩子们亲身感受周围的事物,引导孩子们如何看、如何想、如何表达,这一系列的活动体验能够充实孩子们的经验,同时也能够培养孩子们的信心。这是以往的传统教学所不能触及的,所以在把这种自然教育的理念运用到教学中后,我发现语文课堂不仅仅是语文,而是一个融合了多学科的课堂,比如说一堂课让孩子们写关于春天的主题习作,带领学生们去听、去看、去感受、去触摸。在经历这些真实场景的体验之后,孩子们写出的内容会更加生动。"

写作活动的开展不能"空""大""上",要取材于学生的生活,自然教育通过运用自然实践,让儿童将积累的大量实践性体验变成经验,将间接经验(抽象经验)转化为直接经验(实用经验),让学生在学习知识的同时打通学以致用的最后一公里。原老师在开展自然教育的写作课程时信心满满,她说:"以前的写作教学总是令我头疼,但是在我理解了自然教育的理念后,就觉得这就是我们在教写作时所一直倡导的真听真看真感受,让写作的灵感从自然中萌芽,这样孩子们写出来的作品才真正具有真情实感,具有灵魂,而且是活的灵魂。"

在"介绍一种事物"的写作课上,原老师通过自然教育整合了教学过程和教学方式。在展开具体的写作课程时,原老师构建出了以"自然"为核心的融入、系统、平衡的教学设计框架(见图11-1)。

如图11-1所示,原老师的习作课教学设计首先从学生的兴趣入手,让学生们从生活中发现创作的起点,然后将起点引入课堂中,这样的课堂教学模式能很好地激发学生们的创作热情,这一部分的设计便是自然教育的融入部分,这一部分也同样是"在自然中"的教育。将自然的生活与学校统一的教学联合起来,写作课堂对于学生来说便更加具有吸引力,进而让学生针对这三个方面的内容来分享交流,然后引入一个课堂小练笔,在开展这个小练笔之前,首先将学生带到自然的场景中,引导其去听、去看、去感受。这一部分则是"关于自然",深入地引导学生亲近自然。然后进入下一部分"为了自然",教师带领学生进行示范写作,在这个过程中让学生了解和掌握观察的方法。最后将这些理论技巧与自然场景相结合,将自然教育与课堂教学进行很好的平衡,同时也激起学生对于自然的热爱与向往,达到人与自然的平衡,如此一来便实现了自然教育"为了自然"这一最高的目标追求。

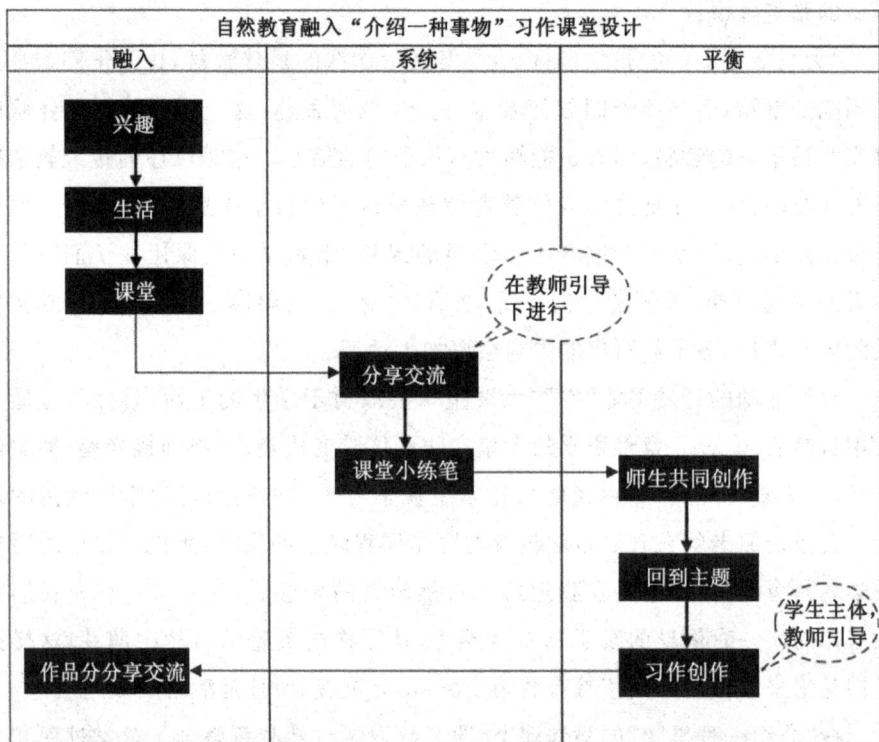

图 11-1　原老师的教学设计框架

(二)能力:创作来源于体验

在能力方面,不仅仅是对学生有期望,更是对教师提出了要求。教师需要教育观察力、艺术创造力、美学感知力、自然敬畏力,而所有的这些能力都体现在写作活动的设计与实施中。原老师认为在教学实践中,要以儿童为主体,尊重儿童个性,坚持"观察在前,目标在后""目标在前,活动在后"的原则。利用教研阵地,对活动设计展开专项研讨,从制定目标,确立设计思路,到过程的语言设计、活动设计。做到三围绕:"围绕目标""围绕儿童""围绕自然"。教案设计要"因时、因事、因人",以遵循顺势自然的态度方法,制定更加本土化的特色写作活动。在这样的理念指引下,原老师的教学设计更加如鱼得水,课堂设计也更加有抓手。

而教师在这些方面所做的教学创新,都是为了让学生的习作表达能力达到老师所期望的水平,尤其是在写作创作的过程中,是学生学习的综合能力的表达,这其中需要学生能够形成良好的对写作素材的观察能力、组织能力、运用能力以及表达能力,最后将自己的所看、所思、所想用流畅的语言文字表达出来。对于教师教学设计的把握以及学生能力的要求,教研组的张老师深表认同,她说:"学生能创作出好的作品,离不开学生本人的天赋,更离不开教师的教学设计。我们在各科课堂上都有意无意地融入自然教育,就是为了能够培养学生的真情实感,培养学生对于知识发自内心的热爱,同时也希望学生能够在学习的过程中开出属于自己的花,能够与自己周围的环境和谐相处,这样的话更可能造就学生完整的人格,尤其是对于小学生来说,人格的培养和形成是至关重要的。"

三、创作——深入自然真看真感受真做真创造

真正的思想总是包含激情的,孩子一旦领略了语言的芳香,他的心就会激动。到田野、到公园去,从源泉中汲取思想,那充满生命活力的水会使学生成为聪慧的探索者,成为寻求真知、勤于治学的人,成为作家,成为诗人。基于此,选取了统编版语文教材五年级上册的一个习作单元——介绍一种事物,原老师展开了第一课时的教学活动。

(一)真看:乐于观察

调动学生写作的积极性,让学生全身心地感受创作所带来的乐趣,这是自然教育所要达到的最终目标。对于"介绍一种事物"这堂写作课,原老师做了充分的准备,基于学生个人的知识水平与学生个人的生活实际,精心设计了导入环节。

片段一:

师:同学们,在学习完这个单元的课文之后,我们领略到了各位作家笔下的

各种有趣的事物,无论是动物还是植物,都被文字赋予了灵魂,让我们看到了栩栩如生的事物。老师想问问同学们,你们有没有特别喜欢的特别想给大家分享的事物呢?

生:有。

师:那么大家来看看我们这次的阅读与表达的主体"介绍一种事物",课本中给出了 15 个题材来供大家参考,大家就讨论讨论,谈一谈自己感兴趣的内容吧。

(学生七嘴八舌地议论着,兴致勃勃地讲述着……)

生 1:我想写那个我养的金鱼。

生 2:草原,我想写那个草原旅游指南,因为我对草原很熟悉。

生 3:我最喜欢恐龙了,我家里有好多关于恐龙的图书和玩具,介绍恐龙我最在行。

(学生们在课堂上讨论得很热烈,在讨论了 5 分钟后,张老师打断了这场讨论)

师:大家的想法和主意可真棒。看来对于这些给定的写作题目大家都很感兴趣,那同学们知道我们这次的习作类型是什么吗?

生:说明文。

师:对了! 我们这次要写作的就是说明文,这个单元我们学习的《太阳》《松鼠》,作者们都是如何向读者说明介绍这些事物的?

生 1:列数字,我印象最深的就是太阳距离我们有一亿五千万千米,我自己的身高才一点六米,所以作者借用列数字的方法让我对于太阳离我们的距离有了很直观的理解。

生 2:作者还用了好多形容词,在介绍《松鼠》的时候,"乖巧""驯良""面容清秀"……好多好多生动的形容词,让我发现原来这些词也可以用来形容小松鼠呀!

师:是的,看来同学们都掌握得不错,说明文中会用列数字的方法,这确实是它的一个特点,其次就是语言表达的形象生动,但最终都是为了能够说明白所介绍的事物。现在大家可以构思自己的主题,写一写能够描述主题事物的形容词以及相关的词语或者句子。

在这一环节,原老师最后让同学们将所感所见的东西用文字的形式表达出来,将课堂的内容自然而然过渡到了下一个环节。

(二)真感受:引发思考

自然教育的内核最终还是自然,是学生在教学过程中真正感受到的自然,当学生能够挖掘自己内心深处的感受时,所表达出来的内容便会活灵活现。为了让学生真正地深入自己的生活中,深入自然的场景中取材,原老师在课堂上进行了创作引导。

片段二:

师:我听到有同学想介绍一下自己喜欢的植物,那请同学们想想,如果你也要写植物的话,你会写关于它的什么呢?

生1:当然会写它的外形。

生2:还有花朵和果实。

生3:还有开花的季节以及果实成熟的季节。

生4:还可以用数据展示一下植物的外形,比如它的长、宽、高。

师:孩子们,你们想得真全面。那老师想问问大家,在每天要踏入的校门口,有没有人注意到那棵槐树呢?

(学生们开始回想校门口的那棵槐树,并开始兴致勃勃地讨论起那棵树)

师:关于这棵大家每天都能看见的槐树,大家能用刚才想到的描述植物的那些方面来描述一下它吗?

生:我最喜欢春天的槐树,因为这个季节的槐花特别美,花香四溢。

师:你说得真棒!孩子们,你们仔细想想,是不是还可以从季节的变化来描述说明呢?

(学生们若有所思)

在正确地引导学生们进行创作思考后,原老师开始对说明文的写作进行了具体的指导,希望学生们能够在给出的参考题目中找到自己感兴趣并且与自己的生活息息相关的内容,从而真实且自然而然地表露内心世界。原老师对于这一部分的安排,体现了自然教育的"融入"原则,就是把有关的教学内容自然而然地插入教学中,让课堂与学生的实际生活发生链接,这样的创作才会激发真情实感的流露。在课堂中,由同学们感兴趣的话题"植物"入手,然后引出学校门口的槐树,自然而然地将每天都能看到的景搬到了课堂教学中,以此充分地调动学生们的创作积极性。

(三)真做:亲身体验

原老师认为经过半节课的交流与讨论,同学们应该可以进行感受与体验,为了更好地将这种体验系统化,让课堂融入自然,原老师计划带领学生们开展一个小练笔——"学校的槐树",于是在写作课的下半节课,原老师将学生们带到了教室外。

片段三:

师:大家现在可以仔细地看看我们熟悉的这棵槐树,先从你能触及的树的枝干开始,亲手丈量一下它的宽度,再触摸一下树干,你们能想到一些什么语句来描述它呢?

生1:这棵树很大,我们三个人才能抱住它。

生2:这棵树好像一个老爷爷,它虽然高大挺拔,但是它的树皮却很粗糙。

师:树干粗糙能反映出它的什么特点?

生:这棵树一定长了好多年。

师:嗯嗯,确实是。大家再看看其他的,还有什么是我们能描述的?

生:它的树叶颜色不同于盛夏,是清新的淡绿色,而且整棵树开满了槐花,和这个淡淡的绿色交织在一起特别好看,让我们的学校春色更浓。

师:这位同学观察得很好,描述也很生动!除了春天这个季节,这棵槐树在其他季节又呈现出什么样的景色呢?大家仔细想想它的四季变化。

原老师说关于校园槐树的写作是在具体备课活动中的一个安排,让整堂写作课不再拘泥于教室,带着孩子们去感受周围熟悉的事物,并让他们感受每天生活的场景,以不一样的心态去体验每天都能看到和听到的事物,同时养成观察自然的习惯,感受生活的美好,陶冶成长的心灵。原老师这一课堂内容的转折,是为了使自然教育更加系统地在教学中呈现,使学生们能够被引导、被示范如何细致深入地观察,进而更好地开展主题的写作。在层层诱导学生们一步步地深入感受槐树时,让学生作为个体能够从不一样的角度去观察每天都能见到的景物,对于写作课而言是很好的体验经历,会丰富学生的情绪感受,从而让学生爱上写作,更爱上自然。

(四)真创造:记录美好

原老师将一堂写作课分为室内和室外两个部分,从静态到动态,充分地遵循自然教育的"平衡"原则,让学生的学习与生活不再是分裂的状态,让写作不再是一项学校作业,而是学生们表达内心世界的一个窗口,将自然和教育二者进行更好地融合与平衡,这样学生才会更加全面地成长。

片段四:

师:观察了槐树之后,同学们都跃跃欲试,想动手写一写学校门口的槐树,那我们就用精简自然的语言描述一下它吧,关于槐树的外形,大家都能想到哪些形容词呢?

生:"高大""葱郁""挺拔""宽厚""古老""枝繁叶茂""高大挺直"……

师:孩子们,你们用的这些词真生动形象,老师还想知道,有没有人观察到槐树的花呢? 又该怎么来形容它的花呢?

生:"淡淡的紫色""花香迷人""花朵娇媚""繁花满树""上下错落"……

师:孩子们,你们想到的形容词都很棒,但是同学们有没有发现,这些好像都是在说槐树在春天的样子,那其他季节它又会是什么样的?

生1:秋天落叶纷飞,槐树的叶子铺满了小路。

生2:槐树的果子也都会落下来,满地都是。

生3:我觉得秋天的槐树是最好看的,它的树叶变成了金黄色,就像一个个会跳舞的小精灵,风一吹就翩翩起舞。

师:这位同学形容得好形象,仿佛秋天的槐树就在眼前呢。听了这么多的描述,现在同学们就拿起笔,将自己感受到的槐树都写下来吧。

原老师在带领孩子们完成关于槐树的写作之后,孩子们对于即将要进行的"介绍一种事物"的写作更加明确,也初步领会了观察细致入微、创作胆大心细。然后原老师将真正的主题写作放到了课后,让学生们根据自己的兴趣,对所要介绍的事物进行更加细致的观察与掌握,从而更好地将学习融入生活、融入自然,更好地发挥自然教育对于孩子天性释放的作用。

四、反思——写作如何走向"自然而然"?

原老师说:"这次课后,明显地感觉到学生们的写作热情很高,而且根据家长的反馈,孩子们这次的写作进行得很流畅,而且愿意去动笔,也愿意去表达真实情感。"这些积极的反馈使得原老师对于实现预期的教学目标更加有信心,经过这次教学,原老师更明白,真实的内容应该回归儿童的自然生态。与此同时,原老师发现,在用自然教育理念来引导孩子们的学习时,孩子们学习的主动性更高、效果更好,这就让原老师对于过去的写作课屡屡失败有了新的认识,她说:"写作课上我总是觉得好词好句的应用很重要,必须有好词好句才能撑起写作内容,但是现在我所关注的写作焦点不仅仅限于词句,我更多的是希望看到学生们的真情流露,更希望能够在文字中看到属于他们的热爱、属于儿童个体对于这个世界的热爱,走进他们的世界去感受他们眼中的世界。"

作为"儿童作文"教学的引路人,教师更应该理解童心、亲近童心,立足儿童的生活实际,唤醒儿童习作的主体意识,引导儿童亲近自然,鼓励儿童在不断的积累中丰富生活经验,用天然无修饰的文字自由真实地表达内心的想法。这样儿童的生活才会精彩,写出的作文才会更加灵动。采用了自然教育之后,教研组的张老师说:"每个人都有想表达的欲望,学生也不例外。在自然生态的濡染之下,学生更能够放下心中的条条框框,表达出最真实的感受,而在这个过程中,教师所发挥的作用便是营造这样一种环境,挖掘这种教学资源,有了这样的物质和理念的支撑,学生的表达会更加流畅,写作教学便会达到自然而然的境界,学生的写作也会自然而然。"

作文教学始终是老师们难以突破的一个教学设计关卡,但是在这样一堂别开生面的写作课上,学生们的积极性被调动了起来,课堂的参与感更强烈,学生真正成了课堂的主人。

第三节　教学指导书

一、教学目标

通过对原老师开展的"介绍一种事物"这一案例的讲解和分析,学生能了解到一线小学语文教师在探索自然教育融入语文写作教学实践方面的经验与策略,并学习到如何在实际的课堂教学中开展自然教育,在案例的启发下尝试探索"自然教育"理念下的小学语文习作教学路径。

(一)适用课程

本案例主要适用于《小学语文教材分析与教学设计》;同时适用于《小学语文课程与教学论》《课程与教学论》课程的教学设计和前沿问题讲解。

（二）教学对象

本案例主要为小学教育专业硕士教学开发，也适用于小学教育专业本科生。

（三）具体教学目标

（1）理解"自然教育"的理念、路径和困难。

（2）了解自然教育在小学语文写作教学中的作用，获得基于自然教育的小学语文写作教学实践方面的经验与策略。

（3）以"融入、系统、平衡"的教学设计为基础，获得自然教育视野下小学语文写作教学的知识与经验，提高学生教学设计的能力。

（4）理解如何触发学生的真情实感，激发学生的表达兴趣，体会如何利用真实情景下的实践活动让学生亲近自然，利用自然进行表达和创作。

二、启发思考题

（1）阅读本案例，你是如何看待原老师的教学尝试的？

（2）原老师在课堂教学中是如何把握自然教育的"融入、系统、平衡"三大原则的？

（3）原老师在"介绍一种事物"的第一课时是如何进行教学设计的？如果你来设计接下来的第二课时，你会如何设计？

（4）原老师以"介绍一种事物"为例的写作课的教学实践带给你哪些思考？

（5）简述你对"自然教育融入写作教学"的理解和对自然教育理念的认识。

三、分析思路

本案例分析的核心是基于原老师在自然教育理念下所开展的写作课教学实践尝试，主要围绕"真看""真感受""真感受""真创作"来展开作文教学，经过几个环节的层层深入引导，让学生走进自然和社会，快乐地游戏和玩耍，教师的作用就是引导学生关注生活、体验生活，帮助他们积累丰富的生活经验，使学生产生一种用笔书写生活的欲望，从而抒发出真实而深厚的情感。

四、案例分析

真实,是习作的根本——关注儿童生命的诉求。什么是好的习作? 对于儿童来说,真实的、自然的、发自内心的文字就是好的。在原老师所开展的这堂写作课上,充分做到了以学生为主体,调动了学生的学习积极性,让学生能够在自然的环境中体会,从而有助于学生习作的表达,这样的课堂不仅仅实现了学生写作能力的提升,更发展了学生的观察能力、动手能力、操作能力,是一个调动多感官的综合实践活动,有益于学生的全面发展。

(一)案例回顾

原老师在语文教学一线工作多年,也学习了许多关于习作教学的教学法,在习作课的开展过程中,原老师从学生的兴趣入手,激发学生的习作热情。原老师将习作的课堂分为两个部分,目的就是让学生将课堂上学到的习作理论技巧能够流畅地与生活实践相结合,结合学生的生活进行习作示范教学,通过"融入""系统"和"平衡"来将自然教育渗透到习作的课堂中。在看到学生们对于槐树的观察是如此细致入微时,原老师及时做出了引导,让学生们不仅将想法讲出来,而且进一步用文字表达出来,这既训练了学生们的口语表达,又培养了学生的文字表达能力,而且在这个过程中,更加拉近了儿童与自然的距离,陶冶了儿童的身心,让习作课的育人目标指向更加凸显。

(二)理论基础:自然教育

自然教育强调教育的自然适应性,主张教育应顺其自然,遵循儿童的身心发展规律。因此,教育者在教学的过程中必须采取符合儿童身心发展规律的教学方法和教学内容,把儿童培养为"自然人"。杜威在《经验与教育》中指出,所谓教育指的就是"经验的继续改造",或者为"教育是在经验中,由于经验和为着经验的一种发展过程",而自然教育就是在自在、自为、自由的学习环境中,在学生对自然物的欣赏和领悟中,进入自由的审美和创造的状态。尤其是对于小学生习作的引导,教材给学生提供了习作的选材,但没有束缚学生的思维,学生也可以根据自己的兴趣爱好自选题材。通过教师的引导和点拨,学生知道可以从多个角度选择习作对象,从而拓宽了习作思路。

(三)自然教育的理论分析

1. 融入：在自然中

作文来源于生活。对于儿童来说，属于他们的生活世界才是习作的源泉。我们总是为儿童自作能力不高而苦恼，写不出生动活泼的作文，其实是因为他们缺乏真实的生活体验。学生的生活经验丰富，才能写出好的文字；其观察细致到位，才能写出好的细节。自然教育的"融入"，就是让儿童的习作变成兴趣，成为儿童生活的一部分。

2. 系统：关于自然

关注儿童的内心诉求，真实的、自然的、发自内心的文字就是好的，敢于说真话，表达自己的真实感受，真情实感的自然流露是习作课所要达到的目标之一。儿童的习作应该是充满感性的，想到什么就写什么，它是儿童成长过程中表达的需要，承载着儿童的喜怒哀乐和爱憎情感，这样的文字与儿童的生命成长紧密联系在一起。自然教育就是要教会儿童真诚而不虚伪、自然而不加雕饰的言说态度和生活态度。对于儿童来说，正是通过这样的文字，表达他们对生活的热爱，率真浪漫，充满情趣；书写他们对生活的超脱，放飞心灵，自由驰骋。也只有这样，生活与学习才能成为另一个系统，一个不会割裂的、完整的、有助于儿童成长的系统，也只有这样，习作才会真正成为儿童生命成长中的一种享受，而不是负担。

3. 平衡：为了自然

儿童的语言表达充满了童趣色彩，作为教师，应当尊重儿童的话语方式。"以学生为本""尊重学生天性""追求学生的持续发展"，这些教育理念为习作教学提供了新的视角，自然教育主张把教学中的教师、学生、环境、资源等诸多要素联合起来，达到一个平衡的状态，把学习过程视为学生主动、互动的建构过程。同时，能够体会到人与自然的和谐共生，培养学生亲近自然、保护自然的人生态度。

(四)原老师的教学实践分析

1. 引入自然教育，将"真实"融入写作

原老师对于自然教育有自己的理解，她觉得自然教育最重要的就是将其无声无息地融入课堂教学中，给学生的写作场景要做到真实且熟悉，要选择学生熟悉的材料,这样才能够做到无声地融入。对于很多学生而言,面对熟悉的场景,才能够将其写清楚、写具体。案例中原老师开展的小练笔活动,将学生们每天都能看见的槐树搬到课堂上,让学生们尽情地表达,有真实的情感流露更能写出好的内容。

2. 调整观察视角,将"体验"融入写作

在生活中,对于同一事物,因为观察的视角不同就可能会得到不同的观点。自然教育所重视的体验,强调学生在习作过程中的亲身经历,而这些经历来源于学生的生活,所以原老师在教学中主动引导学生们去观察、去发现,以学校门口的槐树为例,教会学生们如何去观察,从而引导学生们在自己的生活里寻找素材,从观察生活中积累素材,学会捕捉生活中的点点滴滴,这样写出来的文字才会深刻,才会出彩。

3. 强调脱离公式,将"率性"融入写作

所看、所听、所感受的结果,最终还是要以文字的形式表达出来,在这个过程中,自然教育强调随性而为,强调"自然",在学生们能够脱离写作公式的束缚时,真正的、率性的、表露内心的写作内容便会呈现出来。在原老师的课堂上,利用了学生们熟悉的生活中的事物来开展写作,这样会使学生们的写作信心加强,从而更有自信地去落笔,如此一来,学生写出的作文便不会套用"公式",因为他们有了自己想要表达的东西,对周围的世界有了自己独特的看法,所以其创作的内容便会与众不同。

五、课堂设计

(一)时间安排

大学标准课4节、共180分钟:布置和预习1节,上课讨论1节,课堂实践1节,反思总结1节。

(二)环节安排

课前预习统编版语文教材五年级上册"介绍一种事物"这个习作单元,并结合问题解决进行教学设计→小组讨论设计方案→研读案例→教师点评和学生互评→学生实践→教师和学生评价。

（三）人数要求

40 人以下的班级教学。

（四）教学方法

以演示练习为主，以讨论、讲授为辅。

（五）组织引导

①教师布置任务清晰，预习要求明确。
②给学生提供必要的参考资料。
③对学生进行教学设计、课堂教学、观点分享等必要的技能训练。
④对学生课下的讨论予以必要的指导并给出建议。

（六）活动设计

1. 提前两周布置阅读任务
阅读《义务教育语文课程标准（2022 年版）》，同时查阅自然教育、小学语文教学中的习作教学实践等相关文献。

2. 组内讨论与交流
为每个小组提供一张小组讨论记录表，记录小组成员的发言情况和问题清单。

3. 小组汇报与分享
汇报中，每位同学做好记录并进行录像，以便提问、互动与反思。

4. 点评与指导
教师对小组的教学设计进行点评，适时地提升理论，把握教学的整体进程。

5. 总结与反思
课后各小组根据汇报的情况，及时总结和反思，进一步改进与完善案例教学。

六、要点汇总

自然教育作为一种全新的教育理念，有助于学生全面发展，尤其是对于基础教育教学的开展至关重要。自然教育理念的落实,不仅要协调学生、教师以及教学材料,更重要的是要统筹安排场地、资源,而自然教育最大的困难就是开发、利用这些潜在的课程资源。因此,在实际的开展教学过程中,教师要引导学生去发现课程资源、统筹课程,把控教学的核心,理解案例教学中对于教学资源的开发及对于课堂的灵活掌控,还要引导学生抓住自然教育的内核"自然",以全新的方式来开展课堂教学。

参 考 文 献

[1]胡久华,刘洋.基于课程标准设计核心素养导向的单元教学[J].课程·教材·教法,2021(9):101-107.

[2]余文森.以核心素养为导向:建立与义务教育新课标相适应的新型教学的教学意蕴[J].中国教育学刊,2022(5):17-22.

[3]温儒敏.温儒敏谈读书[M].北京:商务印书馆,2019.

[4]DELISLER.问题导向学习在课堂教学中的运用[M].方彤,译.北京:中国轻工业出版社,2004.

[5]卢臻.教一学一评一体化教学策略与实践[M].郑州:河南科学技术出版社,2017.

[6]杨向东,崔允漷.课堂评价:促进学生的学习和发展[M].上海:华东师范大学出版社,2012.

[7]安德森.布鲁姆教育目标分类学(修订版)[M].北京:外语教研出版社,2001.

[8]薛法根.为言语智能而教——薛法根与语文组块教学[M].北京:教育科学出版社,2014.

[9]中华人民共和国教育部制定.义务教育语文课程标准(2022年版)[S].北京.北京师范大学出版社,2022.

[10]吴忠豪.小学语文教学内容指要[M].北京:高等教育出版社,2019.

[11]温儒敏.温儒敏语文讲习录[M].杭州:浙江人民出版社,2019.

[12]莫雷.文本阅读信息加工过程研究——我国文本阅读双加工理论与实验[M].广州:广东高等教育出版社,2009.

[13]黄厚江.语文的原点——本色语文的主张与实践[M].南京:江苏教育出版社,2011.

[14]陈日亮.如是我读——语文教学文本解读个案[M].上海:华东师范大学出版社,2011.

[15]SKOWRON J.教师备课指南——有效教学设[M].陈超,郅海霞,译.北京:中国轻工业出版社,2009.